Hessisches Bergland

›Jeder Athemzug ist einen Thaler wert‹, meinte der Leibarzt des Reichskanzlers Bismarck über die gute Luft der Kasseler Wilhelmshöhe. Hätte er auch die anderen Regionen des Hessischen Berglands gekannt, wäre sein Urteil sicherlich noch lobender ausgefallen. Denn als waldreiches Gebiet kann sich eine Landschaft, die nur wenig Industrie besitzt, ihre hervorragende Luftqualität bewahren. Daneben sorgt eine Reihe von Heilquellen für noch gesündere Urlaubstage.

Wenn auch Hessens Norden ein Paradies für den Wanderer ist, der den Urwald Sababurg, den Reinhardswald, das Knüllgebirge oder die Naturparks Habichtswald und Vogelsberg durchstreift, so liegt gerade dort auch die größte Attraktion für Wassersportler und Wasserfreunde: der Edersee. Mit seinen Besucherzahlen im Sommer übertrifft er selbst die Zahl der Touristen in Hessens Metropole Frankfurt.
Andere sportliche Ambitionen lassen sich auf einem der Fernradwanderwege ausleben. Der richtige Ort für einen Kreativurlaub von Hobby-Künstlern ist dagegen Willingshausen an der Schwalm, Deutschlands älteste Malerkolonie.

Alle fünf Jahre blickt die Welt auf Kassel – zur documenta, dem größten Ereignis der internationalen zeitgenössischen Kunst. Doch auch für Nostalgiker hält die einstige Residenz der Landgrafen mit ihrem Kranz von Parks und Gärten samt Schlössern sowie in den Museen viel Sehenswertes parat.
Beliebt, nicht nur bei Studenten, ist Marburg an der Lahn, als Burgenstadt bekannt Schlitz, für seinen Marktplatz berühmt Alsfeld, für die Stiftsruine als einmalige Kulisse von Opernfestspielen Bad Hersfeld, und Bad Nauheim bietet mit seinem Sprudelhof die schönste Jugendstilarchitektur.

Die Traditionen werden sorgsam gepflegt. Noch heute bestimmen Schwälmer, Katzenberger, Mardorfer, Marburger oder Hinterländer Tracht das Bild bei festlichen Anlässen. Nicht minder stolz ist man auf die heimische Küche, besonders im Werra-Meißner-Land ist dafür das ganze Jahr über Saison in einer Vielzahl von Restaurants. Die Ahle Wurscht ist die bekannteste Spezialität, aber warum nicht auch einmal ›Lumpen und Flöhe‹, ›Schmandduckewerk‹ oder ›Storzenieren‹ ausprobieren?
Was das ist? Antwort gibt die Autorin Gabriele M. Knoll – und viele weitere Einblicke in die Besonderheiten von Deutschlands Mitte. Ihre Reise von der Weser bis zur Kinzig begleiteten die Fotografen Christiane Böttcher und Thomas Tiensch.

Vor allem die schöne Landschaft schätzen die Urlauber am Hessischen Bergland – hier die Hügellandschaft Waldhessens.

Titel: Der Marktplatz von Fritzlar.

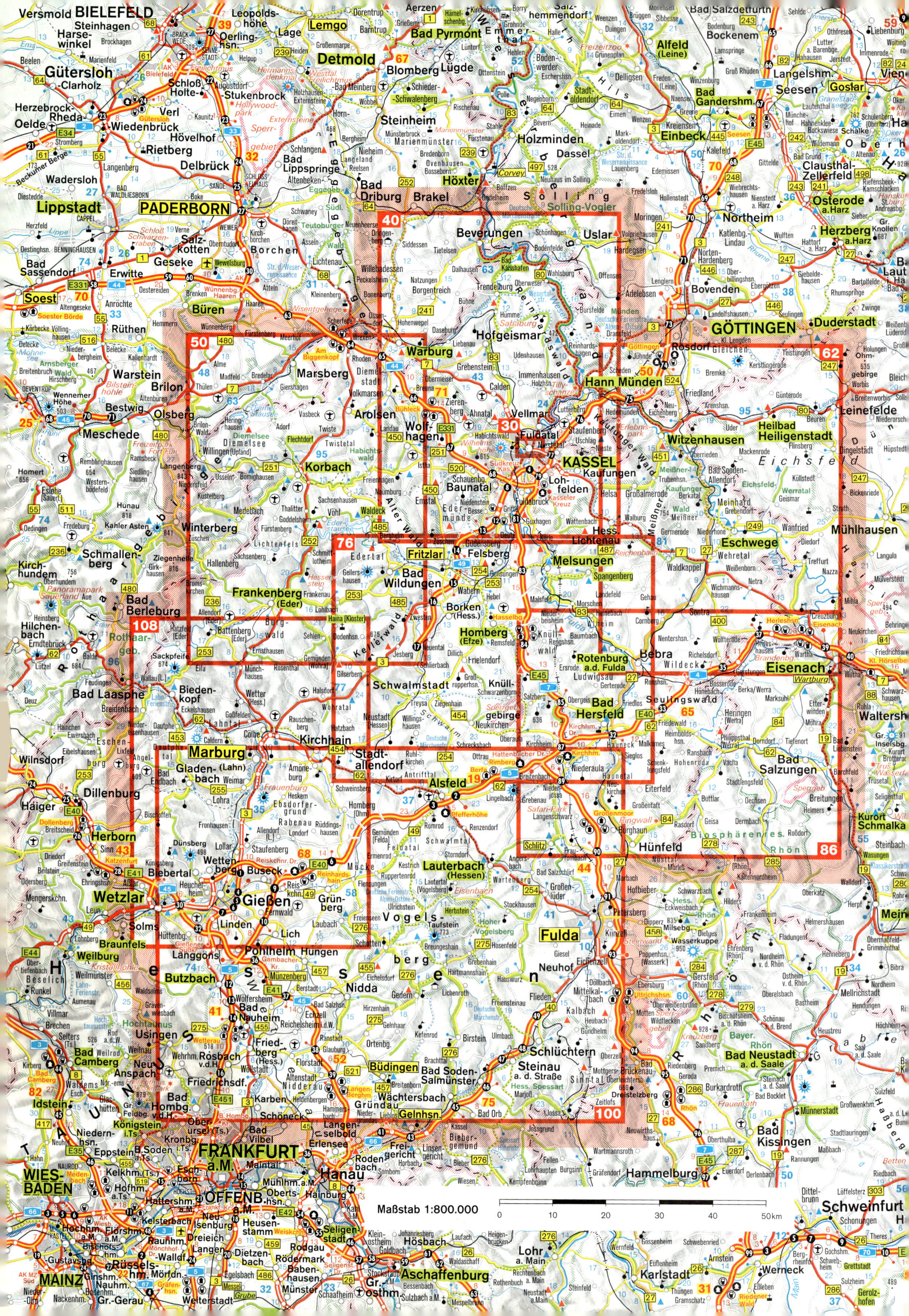
Maßstab 1:800.000
0 10 20 30 40 50 km
BIELEFELD
Gütersloh
Detmold
Lemgo
Bad Pyrmont
Paderborn
Lippstadt
Soest
Höxter
Holzminden
Beverungen
Uslar
Göttingen
Duderstadt
Hofgeismar
Warburg
Marsberg
Brilon
Arolsen
Wolfhagen
Kassel
Hann. Münden
Witzenhausen
Heilbad Heiligenstadt
Leinefelde
Mühlhausen
Eschwege
Melsungen
Fritzlar
Bad Wildungen
Korbach
Winterberg
Frankenberg (Eder)
Bad Berleburg
Homberg (Efze)
Rotenburg a.d. Fulda
Bebra
Eisenach
Bad Hersfeld
Schwalmstadt
Marburg
Bad Laasphe
Biedenkopf
Dillenburg
Herborn
Wetzlar
Gießen
Alsfeld
Lauterbach (Hessen)
Fulda
Hünfeld
Bad Salzungen
Schlüchtern
Gelnhausen
Büdingen
Friedberg (Hessen)
Bad Homburg v.d.H.
Frankfurt a.M.
Hanau
Offenbach a.M.
Wiesbaden
Mainz
Aschaffenburg
Bad Kissingen
Hammelburg
Schweinfurt
Karlstadt
Bad Neustadt a.d. Saale
Osterode a. Harz
Herzberg a. Harz
Goslar
Alfeld (Leine)
Einbeck
Northeim
Seesen
Bad Gandersheim
Clausthal-Zellerfeld

Inhalt

Voller Abwechslung: Deutschlands Mitte

Moderne Zeiten in einer alten Residenz: Kassel

Auf ›Schatzsuche‹ in Hessens Norden

Waldecker Land, Favorit der Urlauber

Das Werratal, eine Region für Genießer

Zum Malen schön – Kurhessisches Bergland

Waldhessen: Bergbau, Burgen, Bühnenspiel

Viel Kultur rund um den Vogelsberg

Bilderbuch-Städtchen an der Lahn

Anhang

Zentraler Treffpunkt zum Weltereignis documenta ist das Museum Fridericianum in Kassel.

Reges Kunst- und Kulturleben

Seit 1955 trifft sich die internationale Kunstwelt alle vier bis fünf Jahre zur documenta in Kassel. Manches bleibt der Stadt auch nach den 100 Tagen dieser größten Ausstellung zeitgenössischer Kunst erhalten. Doch ein reiches Kulturleben mit vielen Veranstaltungen bietet Nordhessen nicht nur in seiner ›Metropole‹. Auch auf dem Land, in Klöstern, Kirchen und vor der Kulisse von eindrucksvollen Ruinen, wie in Bad Hersfeld, werden Konzerte, Theateraufführungen und Ausstellungen zum lohnenden Erlebnis.

Der KulturBahnhof mit Jonathan Borofskys ›Himmelsstürmer‹ davor – Überbleibsel der documenta 1992 – hat Symbolcharakter für Kassels Stadt- und Kulturleben.

Burgen, Schlösser und Residenzen

Über das ganze Hessische Bergland verstreut sind die Residenzen ehemaliger Landesherren zu finden: von der wehrhaften Burg bis zum eleganten Sommersitz im Stil des Rokoko. Dabei werden manche Schlösser, wie zum Beispiel in Arolsen oder im Vogelsberggebiet, noch heute von Fürsten und Grafen bewohnt. Die größten Schloßbauten ließen die hessischen Landgrafen errichten.

Schloß Wilhelmshöhe in Kassel ließ sich Wilhelm IX. von 1786 bis 1798 erbauen. Seine Empiremöbel-Sammlung ist die zweitgrößte der Welt.

Reich an Seen und Wäldern

Wer die Natur sucht, der ist im Hessischen Bergland genau richtig. Die Region ist nicht nur eine der waldreichsten Deutschlands, sie besitzt auch zahlreiche Seen. Im Norden entstand eine Reihe von Stauseen, wie der Eder-, Diemel- oder Affolderner See. Im Süden hat man um Borken eine Seenplatte geschaffen, die Seglern, Surfern und Schwimmern ein wahres Freizeitdorado bietet. Im Osten erwarten die Werratalseen bei Eschwege die Wassersportler.

Angler-Idylle auf dem Affolderner See unterhalb der Staumauer des Edersees im Waldecker Land.

Zur Tradition gehört die Tracht

An bestimmten Festtagen tragen selbst die Kleinsten im Hessischen Bergland Tracht. Hochburg ist Schwalmstadt. Aber auch im Hinterland von Biedenkopf, in Amöneburg, Antrifttal, Alsfeld oder Schlitz schlüpfen die Frauen in bunt bestickte Jacken und Schuhe, binden Schürzen und Tücher um und scheuen sich nicht, ihrer Figur mit vielen weiten Röcken etwas mehr Fülle zu geben.

Höhepunkt der Schwalmstädter Salatkirmes ist der Festumzug mit den Trachtengruppen – einschließlich des Nachwuchses.

Kuren in feinster Umgebung

Die Natur hat das Hessische Bergland mit einer Vielzahl von Heilquellen ausgestattet. Der Waldreichtum sorgt für gute, unverbrauchte Luft. Von Kassel über Bad Emstal, Bad Wildungen, Bad Zwesten und Bad Sooden-Allendorf zieht sich die Reihe der Bäder. Höhepunkt im Süden in der Wetterau ist Bad Nauheim, dessen salzhaltige Quellen schon die Römer zur Salzgewinnung nutzten.

Der Sprudelhof von Bad Nauheim mit seinen Badehäusern und dem großen Sprudelbecken in der Mitte steht als einzigartige Jugendstil-Anlage unter Denkmalschutz.

Hessisches Bergland:

Zauber der Landschaft

Der Norden Hessens präsentiert sich als eine abwechslungsreiche Mittelgebirgslandschaft. Sie wird durchzogen von der Westhessischen Senke und den Tälern der Eder, Lahn, Schwalm, Fulda, Werra. Die wichtigsten Regionen sind das Waldecker Bergland, Kellerwald, Burgwald, Reinhardswald, Kaufunger Wald, Hoher Meißner sowie Knüllgebirge, Seulingswald, Vogelsberg und schließlich die Rhön, die im HB-Bildatlas Nr. 127 behandelt wird.
Weite Teile des Berglandes werden vom Buntsandstein gebildet, aus dem an einigen Stellen Basalt aus größeren Tiefen an die Oberfläche dringen konnte. Diesen vulkanischen Aktivitäten verdankt die Region ihre höchsten Erhebungen: den Hohen Meißner (754 Meter) und den Taufstein im Hohen Vogelsberg (774 Meter). Mit seinen über 2500 Quadratkilometern besitzt der Vogelsberg zudem die größte zusammenhängende Basaltfläche Mitteleuropas.

Vor allem viel, viel Wald

Mit rund 42 Prozent Wald ist Hessen Deutschlands waldreichstes Bundesland, vor allem dank des Hessischen Berglandes. Absoluter Spitzenreiter ist Waldhessen, der Landkreis Hersfeld-Rotenburg, in dem sogar 45 Prozent mit Wald bedeckt sind. Gesamtdeutsch betrachtet, stehen acht Prozent der bundesrepublikanischen Wälder in Hessen, und der Trend geht

Ein wahres Wanderparadies ist der Hohe Vogelsberg, Deutschlands ältester Naturpark, im Süden des Hessischen Berglandes.

statistisch gesehen nach oben, denn der Rückgang der Landwirtschaft läßt neue Forste entstehen.
Landschaftsprägender Baum ist die Rotbuche, gefolgt von Fichten, Kiefern und der Eiche. Der älteste Naturpark der Bundesrepublik Deutschland ist der 1956/58 gegründete Naturpark Hoher Vogelsberg mit einer heutigen Fläche von rund 38 500 Hektar, von denen ungefähr 800 Hektar Naturschutzgebiete sind.

Fichten im Ringelreigen

Die Rettung schwer strapazierter Waldbestände versprach man sich einst davon, im Reinhardswald, Hessens größtem zusammenhängenden Waldgebiet, auf rund 400 Hektar Nadelbäume in über 16 000 kleinen Kreisen anzupflanzen. Mitte des 19. Jahrhunderts hatte Forstmeister Carl Friedrich Mergell diese ausgefallene Methode der Waldaufforstung erfunden.
Zum Schutz für eine neuangepflanzte Eiche oder Buche setzte man einen Kranz von Fichten um den Laubbaum. Der Baum in der Mitte sollte so vor Wild- und Viehverbiß geschützt werden, bis seine Früchte eines Tages als Futter dienen konnten. Der Nadelholzkranz war als Bauholz eingeplant. Doch es kam anders: Die Fichten wuchsen zu schnell und nahmen den Eichen und Buchen in ihrer Mitte das Licht. Sie gingen ein. Übrig blieben die in Kreisen stehenden Fichten. Schön zu sehen nahe der Kühbacher Wiese.

Sorgen der Forstverwalter

Heute gibt es kaum mehr gesunde Bäume, die älter als 60 Jahre sind. Von der Rotbuche, dem ›Charakterbaum‹ der hessischen Mittelgebirgslandschaft, werden gerade drei Prozent als gesund eingestuft, bei den Eichen ist der Prozentsatz noch geringer. Besonders betroffen ist die Luvseite des Hohen Vogelbergs.
Die Schadstoffe in der Luft, die Versauerung des Bodens zeigen allerdings nicht nur in Nordhessen ihre Auswirkungen. Als Gegenmaßnahme bleibt den Forstverwaltungen nur der Dauerwaldbestand, das heißt, es wird nicht mehr großflächig gerodet, sondern der Waldbestand durch das Setzen einzelner Bäume in ältere Bestände verjüngt. Das Waldsterben kann nur durch politische Lösungen beseitigt werden, Forstmaßnahmen sind nicht mehr als vorübergehende Therapieversuche.
Ein anderes Problem ist die hohe Wasserentnahmen aus dem Vogelsberggebiet, um den Rhein-Main-Raum mit Trinkwasser zu versorgen. Der Grundwasserspiegel in dem Bergmassiv ist dadurch deutlich gesunken, an einigen Stellen schon um 40 bis 50 Meter, so daß Moore und andere Feuchtbiotope trockenfallen.

›Urhessisches‹ Land

Das historische Hessen liegt nicht im Rhein-Main-Gebiet, wo man es mit der Landeshauptstadt Wiesbaden und dem Ballungsraum Frankfurt vermuten könnte, sondern weiter nördlich im Hessischen Bergland. Aber ein Territorium mit dem Namen Hessen gibt es erst seit dem 13. Jahrhundert, nachdem Sophie von Brabant für ihren minderjährigen Sohn Heinrich das Kind Erbansprüche gegenüber der thürin-

Nicht nur im Wildpark Knüll im Kurhessischen Bergland belebt eine reiche Fauna und Flora die Wälder des Hessischen Berglandes.

gischen Verwandtschaft erfolgreich durchsetzen konnte. In der Folge wurde Marburg als Residenz der Landgrafen ausgebaut. 1311 zogen sie nach Kassel um. Im 14./15. Jahrhundert gehörten Auseinandersetzungen mit dem zweiten einflußreichen Landesherrn, dem Mainzer Erzbischof, immer wieder zur Tagesordnung.

Landgrafschaft Hessen-Kassel

Landgraf Philipp der Gutmütige führte 1526 die Reformation in Hessen ein und gründete im folgenden Jahr die Universität Marburg. Unter seinen Söhnen wurde die Landgrafschaft aufgeteilt: Neben Hessen-Kassel gab es nun weitere Linien in Darmstadt, Marburg und Katzenelnbogen.
Mitte des 17. Jahrhunderts kam es mit den sogenannten Hessenkriegen zu ›Familienstreitigkeiten‹ zwischen Kassel und Darmstadt, aber auch der Dreißigjährige Krieg und marodierende kroatische Truppen verwüsteten das Land. In der ersten Hälfte des 18. Jahrhunderts erlebte die Stadt Kassel unter Landgraf Karl einen noch nicht dagewesenen Bauboom und ein bedeutendes Kulturleben.
1803 wurde aus der Landgrafschaft das Kurfürstentum Hessen, unterbrochen von einigen Jahren unter der Herrschaft von König Jérôme Napoleon, besser bekannt als König Lustig. Nach dem Einmarsch preußischer Truppen 1866 gründeten die neuen Landesherren die Doppelprovinz Hessen-Nassau. Das heutige Bundesland Hessen entstand erst 1945. Kassel verlor seinen Rang als Hauptstadt, blieb aber das Zentrum Nordhessens.

Reiche Bodenschätze

Von der Natur wurde das Hessische Bergland gut ausgestattet mit Bodenschätzen sowie Sole- und Heilquellen. Es hat am Hohen Meißner den ältesten Braunkohlebergbau Deutschlands zu bieten, wo ab

dem Jahr 1578 für die Saline in Sooden Brennmaterial gewonnen wurde. Eisen- und Metallerze kommen im westlichen Bereich, Kali-, Kupfer-, Nickel-, Zink- und Kobaltlagerstätten dagegen im östlichen Bereich vor.
Das größte Bergbaugebiet Nordhessens ist heute das mittlere Werratal mit seinen Salz- und Kalilagerstätten. Doch der Kalibergbau birgt auch Probleme. Die Abraumhalden mit ihrem Salzgehalt beeinträchtigen durch die Einwirkungen von Wind und Regen die Nachbarschaft. Und die großen Hohlräume, die der Kaliabbau unter der Erde schafft, werden als Sondermülldeponien genutzt.

Blick auf die Wirtschaft

Von seiner zentralen Lage in der Mitte Deutschlands profitierte das Hessische Bergland schon einst als Kreuzungspunkt wichtiger Fernhandelsstraßen. Traditionell spielt auch die Landwirtschaft eine bedeutende Rolle, doch heute wird sie – das Schwalmtal ausgenommen – fast nur noch im Nebenerwerb betrieben. Auf die Gewinnung von Baustoffen wie Kies, Basalt oder Kalk stößt man immer wieder in den Tälern. 1988 wurde der Braunkohleabbau in Borken eingestellt, rund 2200 Arbeitsplätze gingen verloren.
Zu den wichtigsten Neuansiedlungen gehört das Hessische Recycling Zentrum, in dem alle Aspekte der Wiederaufbereitung erforscht werden. Zu den größten Arbeitgebern in der Region zählen das VW-Werk in Baunatal – es hält mit über 17 000 Angestellten die Spitzenposition –, die Continental-Werke in Korbach, die Firma B. Braun für internationale Krankenhaustechnik in Melsungen, Hengstenberg in Fritzlar, Europas größte Sauerkrautfabrik, und der Verpackungsspezialist Stabernack in Lauterbach am Vogelsberg. Wer fernab der großen Arbeitgeber lebt, muß Fahrten zum Arbeitsplatz von bis zu zwei Stunden auf sich zu nehmen.
Bedeutung als Energielieferant besitzt das Waldecker Land dank der Stauseen und Wasserkraft. Der Strom aus dem Edersee-Kraftwerk wird sogar in das europäische Verbundnetz eingespeist.

In der alten Residenzstadt Kassel mit ihren Prachtbauten auf der Wilhelmshöhe schlägt bis heute das Herz Nordhessens.

Führend: Waldecker Land

Die führende Urlaubsregion nicht nur des Hessischen Berglands, sondern Gesamthessens ist das Waldecker Land. Gut ein Drittel der über 11 Millionen Übernachtungen deutscher Gäste werden hier gezählt. Bei den ausländischen Hessen-Gästen verbringt sogar jeder zweite seinen Urlaub in der Seenlandschaft des Kreises Waldeck-Frankenberg. Vor allem Niederländer und Reisende aus Nordrhein-Westfalen sowie Berlin suchen sich diese Region für ihren Haupturlaub aus, wobei als Unterkunft Ferienwohnungen, -häuser und -dörfer bevorzugt werden.

Von den Kroaten zerstört, ab 1637 wiederaufgebaut, sticht Bad Sooden-Allendorf fast jede andere hessische Fachwerkstadt aus.

Fachwerkhäuser allerorten

Fachwerk bestimmt das Bild der Dörfer und Städte im Hessischen Bergland – mit einer Ausnahme: der Großstadt Kassel. Im Norden trifft man noch auf niedersächsisches Fachwerk. Charakteristisch sind hier die Dielenhäuser mit ihren großen Toren und Eingängen, meist auf den Giebelseiten, die Wohnung, Stall und Scheune unter einem Dach vereinen. Ihre innere Aufteilung wird, wie der Name sagt, von der Diele bestimmt, die das Gebäude in seiner Längsachse gliedert: Im vorderen Teil befinden sich rechts und links der Diele die Ställe, im hinteren die Wohnräume. Gerade die Fachwerkhäuser aus der Renaissance weisen einen reichen Schmuck an Schnitzereien auf. Farbig ausgemalte Rosetten erfreuten sich dabei besonderer Beliebtheit.

Gepflegt wird die Schwälmer Tracht. Aber auch in anderen Regionen trägt man zu Festen noch die traditionellen Gewänder.

Das hessische Fachwerkhaus diente dagegen in der Regel nur zum Wohnen, denn für das Vieh und die Vorräte gab es eigene Gebäude. In den ärmeren Regionen des Berglandes entschied man sich jedoch auch dafür, das wenige, was man hatte, unter einem Dach unterzubringen. Das Wohnhaus wurde in drei Querzonen aufgeteilt und ist durch die mittlere erschlossen, das heißt, hier befindet sich der Eingang, hier liegen das Treppenhaus und die Küche. Das vordere Drittel nimmt die Gute Stube ein, das hintere kleine Kammern.
Seinen reichsten Schmuck erhielt die hessische Fachwerkarchitektur nach dem Dreißigjährigen Krieg, also ab der Mitte des 17. Jahrhunderts. Barocke Freude an der Verschönerung der Fassaden brachte vor allem bei den Bürgerhäusern in den Städten aufwendige figürliche oder ornamentale Schnitzereien. Daß die Holzarchitektur auch für repräsentatives Bauen gut war, beweist eine Reihe eindrucksvoller Rathäuser am Übergang von der Gotik zur Renaissance. Dies war auch der Zeitpunkt, an dem man vom Geschoßbau zum holzsparenden Stockwerkbau überging, wie es am Rathaus in Frankenberg, einem der ältesten Beispiele, praktiziert wurde.

Zum Fest gehört die Tracht

In mehreren Regionen des Hessischen Berglandes werden heute noch zu einigen festlichen Anlässen Trachten getragen, während man die historische Alltagskleidung der Bäuerinnen nur noch selten sieht. Besonders die Schwälmer Tracht hat lange ihre historische Form bewahrt – dank der Maler von Willingshausen, die sie als Motiv original erhalten wollten.
Die Unterschiede in den historischen Gewändern sind beachtlich. Und die Schwälmer, Schlitzer, Katzenberger, Mardorfer, Marburger oder Hinterländer Tracht aus dem Raum Biedenkopf sind nicht schwer auseinanderzuhalten.

Ein ganz besonderes Schauspiel im Sommer sind die Wasserkünste auf der Wilhelmshöhe mit dem Herkules als markantem Blickpunkt.

Moderne Zeiten in einer alten Residenz: Kassel

Kassel ist das wirtschaftliche und kulturelle Zentrum Nordhessens. Die Schlösser und Parks am Stadtrand erinnern daran, daß hier einst die hessischen Landgrafen und späteren Kurfürsten ihre Residenz hatten. Standesgemäß fingen sie an, Kunst zu sammeln und legten damit den Grundstock für eine abwechslungsreiche Museumslandschaft und ein reges Kulturleben.

△ Barocke Landschaftsplanung: Blick vom Herkules über Schloß Wilhelmshöhe auf die Kasseler Innenstadt ... ... und auf den Kaufunger Wald ▽

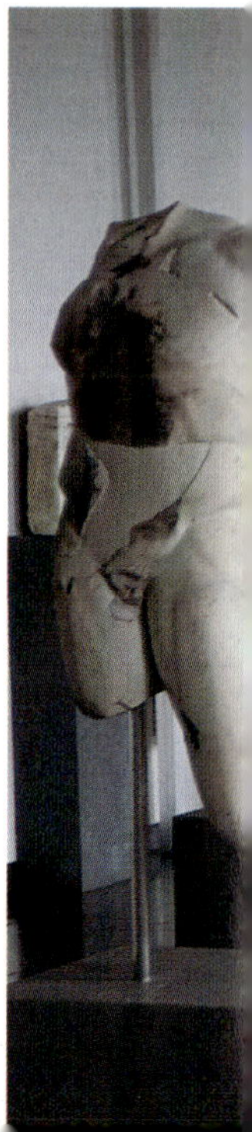

△ Schloß Wilhelmshöhe: Gartenfassade ... ... und landgräfliches Schlafzimmer im Empirestil ▽

›Star‹ der Antikensammlung im Schloß Wilhelmshöhe ist der Kasseler Apoll, die Nachbildung einer verlorenen Bronze des Phidias ▽

Wer an Kassel denkt, denkt an zeitgenössische Kunst, an die documenta, das nun alle fünf Jahre stattfindende Weltereignis. Doch auch dem Liebhaber schöner alter Dinge hat Kassel eine Menge zu bieten. Dabei profitiert die Stadt davon, daß sie seit dem Mittelalter Residenz der hessischen Landgrafen war. Höhepunkt des gräflichen Baubooms im 18./19. Jahrhundert war die Wilhelmshöhe.

Wasserkünste von Rang

Aus Italien ließ Landgraf Karl Anfang des 18. Jahrhunderts den Architekten Giovanni Francesco Guerniero kommen, um den Bergpark Wilhelmshöhe, damals noch Karlsberg genannt, gestalten zu lassen. Es wurde eine der großen Parkanlagen Europas, die Landschaft, Natur und Architektur in hervorragender Weise vereint.

Höhepunkt sind die Wasserkünste. Nach wie vor gehören die künstlichen Wasserläufe am Berghang mit ihrem Fluß über die Kaskaden, Felsen oder den Nachbau eines römischen Aquädukts und der 52 Meter hohen Fontäne vor Schloß Wilhelmshöhe zum Beeindruckendsten, was barocke Landschaftsarchitektur hervorgebracht hat. Im Jahr 1717 fand die Uraufführung der Wasserspiele statt.

Aus einem 40 000 Kubikmeter fassenden Sammelbecken im Habichtswald fließen rund 1200 Kubikmeter Wasser für einen Durchgang in das erste Becken unterhalb des Herkules, von dem aus es dem Gefälle folgen kann. Selbst für die abschließende Fontäne im Schloßteich reicht der natürliche Wasserdruck.

Zu dem regelmäßig im Sommer stattfindenden Spektakel sollte man unbedingt festes, bequemes Schuhwerk anziehen. Denn es ist üblich, dem Wasser den Hang hinunter im zügigen Schritt zu den verschiedenen Attraktionen zu folgen.

Teures Hobby: Löwenburg

Mit seiner Schwäche fürs Mittelalter und englische Burgen besaß Landgraf Wilhelm IX. ein teures Hobby. Dabei reichte es ihm nicht, nur Originales aus der Ritterzeit zu sammeln. Seine Neigungen zu ver-

△ Kassel zur documenta: Beliebter Treff ist die Orangerie

Auf dem Roten Palais: ›Die Fremden‹ ▽

△ Das Fridericianum: erstes Museumsgebäude auf dem Kontinent

△ Im Tapetenmuseum Kassel: Die Schlacht von Austerlitz

›Die Spitzhacke‹ (1982) von Claes Oldenburg in der Karlsaue ▽

und Dresden besitzt die Stadt mit 13 Werken eine der besten Rembrandt-Sammlungen der Welt. Während seiner Zeit als Gouverneur von Breda und Maastricht wurde Landgraf Wilhelm VIII. zum Liebhaber der holländischen und flämischen Malerei des 17. Jahrhunderts, des sogenannten Goldenen Zeitalters. Zurückgekehrt nach Kassel in Amt und Würden, machte er sich gleich daran, eine Galerie mit den Werken der wichtigsten europäischen Malschulen aufzubauen. Unter den Niederländern sind fast alle großen Künstler darin vertreten: Rubens, Rembrandt, Jordaens, van Dyk, Frans Hals und viele mehr.

Hofmaler Tischbein

Die künstlerische Begabung von Johann Heinrich Tischbein d. Ä. (1722–1789) derart geschätzt hatte Landgraf Wilhelm VIII., daß er ihn 1754 zum Hofmaler ernannte. Sein Nachfolger, Landgraf Friedrich II., wählte ihn zum Direktor seiner 1777 gegründeten Kasseler Maler- und Bildhauerakademie.

Die aus Haina bei Marburg stammende Familie hat in drei Generationen acht Maler hervorgebracht. Johann Heinrich, der zur besseren Unterscheidung allgemein auch als der ›Kasseler Tischbein‹ bezeichnet wird, widmete sich der Porträt-, Historien- und Landschaftsmalerei. Durch seine Lehrtätigkeit und sein jahrzehntelanges Wirken in Kassel prägte er die dortige Malerei bis weit ins 19. Jahrhundert.

Deutsches Tapetenmuseum

Eine großartige Sammlung fest angebrachter Wandverkleidungen vom Barock bis ins 20. Jahrhundert zeigt das Tapetenmuseum. Dazu hat Kassel noch eine Premiere zu bieten: 1791 wurde in der Arnoldschen Papiertapetenfabrik erstmals in Deutschland mit Holzmodeln bedruckte Tapete hergestellt.

Seit der Mitte des 18. Jahrhunderts war mit den Produkten der Pariser Manufaktur von Jean-Baptise Réveillon die papierne Wandverkleidung salonfähig geworden. Aus Frankreich kamen auch die beliebten Panoramatapeten, in denen Landschaftsbilder ganze Geschichten oder Geschichte erzählen.

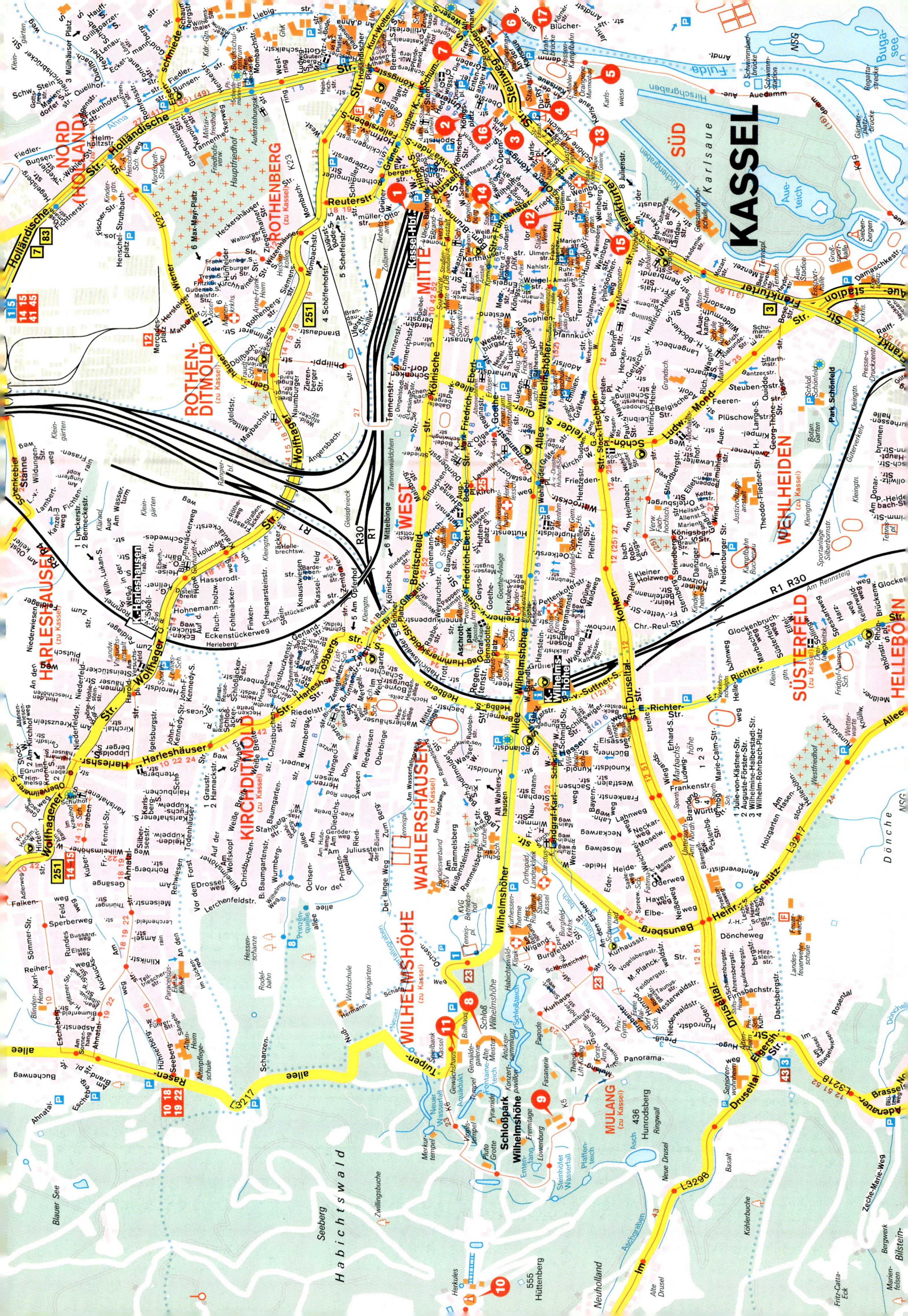
KASSEL
MITTE
WEST
SÜD
NORD (HOLLAND)
ROTHENBERG (zu Kassel)
ROTHEN-DITMOLD (zu Kassel)
HARLESHAUSEN (zu Kassel)
KIRCHDITMOLD (zu Kassel)
WAHLERSHAUSEN (zu Kassel)
WILHELMSHÖHE (zu Kassel)
MULANG (zu Kassel)
WEHLHEIDEN (zu Kassel)
SÜSTERFELD (zu Kassel)
HELLEBÖHN
Schloßpark Wilhelmshöhe
Habichtswald
Karlsaue
Fulda
Kassel Hbf.
Wilhelmshöhe

Wo gibt es was?

Nadelnummer = Textnummer ⓘ = Auskunft

Kassel

Das pulsierende Zentrum (200 000 Einw.) im Norden Hessens rückte mit der Wende in Deutschlands Mitte und wurde zum wichtigen Verkehrsknotenpunkt. Trotzdem blieb es eine Stadt im Grünen (63% ihrer Fläche). Ermäßigungen u. freie Fahrt mit dem öffentlichen Nahverkehr bietet die Kassel Service Card der Tourist Information.

Geschichte

913 erscheint Chassalla erstmals in den Urkunden, ab 1189 wird es als Stadt bezeichnet. Mit der Gründung der hessischen Landgrafschaft 1263 wird der Grundstein zur Residenz gelegt: 1277 erster Schloßbau. 1384 zwang Landgraf Hermann den drei bis dahin existierenden Städten, heutigen Stadtteilen, eine neue Stadtverfassung auf, welche die völlige Unterordnung unter den Landesherrn bedeutete. Im 16. Jh. ließ Philipp der Großmütige Kassel zur Festung ausbauen. Der Bauboom zu Ende des 16. Jh. brachte das Zeughaus, den Renthof, Marstall, Schloßumbau und Renaissancegarten.

In der 60jährigen Regierungszeit des Landgrafen Karl (1670–1730) erlebte Kassel seine größte Blütezeit. Durch die Ansiedlung von Hugenotten entstand die Oberneustadt; die großen Parkanlagen von Karlsaue und Wilhelmshöhe werden in Angriff genommen. Im 18. Jh. entwickelte sich die Residenzstadt zur Stadt der Künste. 1803 erhielten die Landgrafen die Kurwürde, 1866 ging das Kurfürstentum an Preußen über. Im Oktober 1943 fielen 76 % der Stadt den Bomben zum Opfer; in einer Abrißwelle nach dem Krieg, die vor allem mit der fürstlichen Vergangenheit ›aufräumte‹, wurden weitere historische Bauwerke zerstört. Eine moderne Stadt entstand, in der 1955 noch in den Ruinen des Fridericianums die erste documenta stattfand.

Innenstadt ①–⑦

1995 wurde der alte Hauptbahnhof zum **KulturBahnhof** ①; auf dem Bahnhofsplatz ›Der Himmelsstürmer‹ (1992) von Jonathan Borofsky der documenta 9. Die Fußgängerzone **Treppenstraße** führt zur **Königsstraße**, der Hauptgeschäftsstraße mit Einkaufspassagen, wie Kurfürsten- und Königsgalerie. Geschäfte rahmen auch den **Königsplatz** ② mit der ›Treppe‹ von Prof. Lange der documenta 9.

Auf die fürstliche Vergangenheit stößt man am Friedrichsplatz, der vom **Fridericianum** ③ beherrscht wird (1769–79); der Museumsbau wird jetzt für Wechselausstellungen genutzt (di–so 10–17 Uhr). Davor fällt eine Reihe von Bäumen mit dabeistehendem Basaltstein auf. Sie stammen von Joseph Beuys' ›Stadtverwaldung‹ der documenta 7 (1982), bei der 7000 Bäume in Kassel und Umgebung gepflanzt wurden. Der erste und der letzte Baum stehen vor dem Fridericianum. Nördlich benachbart ist das **Rote Palais** (1821–26). Von der alten Kurfürsten-Residenz blieb nur der Säulenvorbau, heute Eingang in ein Kaufhaus, erhalten. Am Dachrand eine Figurengruppe der documenta 9: ›Die Fremden oder Leute, die immer am Abgrund stehen‹ (1992) von Thomas Schütte. Mit dem Fridericianum verbunden ist der **Zwehrenturm** (1330), Rest der Stadtbefestigung. Im **Ottoneum** ④, ursprünglich als Theater (1603–06) errichtet, ist seit 1894 das **Naturkundemuseum**, Steinweg 2, eingerichtet (di–so 10–17 Uhr). Das gegenüberliegende **Staatstheater** (1959) errichtete Paul Bode, Bruder des documenta-Gründers Arnold Bode (1900 bis 1977). Zur documenta 9 (1992) wurde die **documenta-Halle** daneben erbaut.

Der erste Blick in die **Karlsaue** fällt durchaus aus dem Rahmen, denn die Aussicht fällt durch den ›Rahmenbau‹ der Künstlergruppe Haus-Rucker-Co (1977) der documenta 6. Die **Orangerie** ⑤ (1702–11; Fassade 1975–81 rekonstruiert) ist jetzt **Museum für Astronomie und Technikgeschichte** mit Planetarium, An der Karlsaue 20c (di–so 10–17 Uhr).

Kassels älteste erhaltene Bauten sind die **Brüderkirche** ⑥ (13./14. Jh.; 1955 als Ausstellungsbau rekonstruiert), der benachbarte **Renthof**, einst Sitz der fürstlichen Finanzverwaltung (16. Jh.), und der **Marstall** ⑦, heute Stadtarchiv und Markthalle (1593; Fassade 1963/64 rekonstruiert).

Schlösser und Parks ⑧–⑪

Auf **Schloß Wilhelmshöhe** ⑧ (1786–89) ist im Weißensteinflügel historisches Mobiliar aus den verschiedenen Kasseler Residenzen zusammengetragen worden; daraus wurde die zweitgrößte Sammlung der Welt an Empire-Möbeln (di–so März–Okt. 10–17, Nov.–April 10–16 Uhr). Die **Löwenburg** ⑨ zeigt neben mittelalterlicher Architektur, wie man sie sich um 1800 vorstellte, Kunst- und Gebrauchsgegenstände des Mittelalters, wie Rüstungen, Gläser und Bildteppiche (di–so März–Okt. 10–17, Nov.–April 10–16 Uhr). Zu besichtigen sind auch der **Herkules** ⑩ sowie das **Ballhaus** u. **Gewächshaus** ⑪. Höhepunkt im Bergpark Wilhelmshöhe sind die Wasserkünste (Himmelfahrt–3. Okt. mi, so/fei 14.30, Abschluß Schloßteich 15.45 Uhr; mit Beleuchtung 1. Sa im Juni, Juli, Aug., Sept.).

Museen ⑫–⑮

Schloß Wilhelmshöhe birgt die **Gemäldegalerie Alter Meister** ⑧ (wegen Renovierung wohl bis 2000 in der Neuen Galerie; die Antikensammlung mit frühen Mittelmeer-Kulturen, Griechen und Römern, u.a. Kasseler Apoll, in der documenta-Halle). Das **Hessische Landesmuseum** ⑫, Brüder-Grimm-Platz 5, vereint verschiedenste Sammlungen: Vor- und Frühgeschichte, Kunsthandwerk und Plastik vom Mittelalter bis zur Gegenwart, Volkskunde Hessens und das Deutsche Tapetenmuseum (di–so 10–17 Uhr). Zum festen Bestand der **Neuen Galerie – Staatliche und Städtische Kunstsammlungen** ⑬, Schöne Aussicht 1, gehören Malerei und Plastik von 1750 bis zur Gegenwart und Wechselausstellungen (di–so 10–17 Uhr). Gegenüber erinnert im Schloß Bellevue, Schöne Aussicht 2, das **Brüder-Grimm-Museum** an die beiden Märchensammler (tgl. 10–17 Uhr). Das **Stadtmuseum** ⑭ füllt zwei Etagen im Städtischen Kulturhaus, Ständeplatz 6 (di–fr 10–17, sa/so 10–13 Uhr). Toten- und Grabkult seit der Antike zeigt das **Museum für Sepulkralkultur** ⑮, Weinbergstr. 25/27 (di–so 10–17 Uhr).

Kulturleben ⑯–⑰

Kunstausstellungen: Höhepunkt ist die documenta (fünfjährl.); andere u.a. im Ballhaus ⑪, Museum Fridericianum ③, Kulturhaus Dock ⑯, Untere Karlsstr. 4, mit weiterem Kulturangebot, und im Kasseler Kunstverein ⑭, Ständeplatz 16.

Musik, Theater, Tanz: Schauspiel und Oper des Kasseler Staatstheaters; Kurkonzerte Wilhelmshöhe (Mai–Okt. mi); Nordhessischer Kultursommer (Juni–Aug.); Internationales Tanzfestival (Juni–Aug.); im Kulturzelt ⑰, an der Drahtbrücke, Jazz, neue Musik, Comedy (Juli/Aug.); Kasseler Musiktage (Okt./Nov.); Kasseler Meisterkonzerte (Okt.–Mai).

Sonstige Veranstaltungen

Frühjahrsmesse (März); Jahrmarkt (März); Ostermarkt; Stadtfest (Pfingsten); Zissel mit Wasserfestzug (Juli/Aug.); Wilhelmshöher Park- und Lichterfest (Aug.); Herbstvolksfest (Sept.); Bundesvogelschau (Nov.); Märchenweihnachtsmarkt (Dez.).

Gesundheit, Sport, Freizeit

Kurhessen-Therme, Thermalsolebad mit großem Freizeitangebot, im Kneipp-Heilbad Wilhelmshöhe; Freizeit-, Surf- u. Erholungszentrum Fuldaaue; Sportpark Kassel mit Auestadion, Eissporthalle, Tanz- und Kegelzentrum; 18-Loch-Golfplatz am Herkules; Kurterrainwege und Wanderwegenetz; Langlaufloipen im Habichtswald; Personenschiffahrt auf der Fulda; Fahrten mit dem Oldtimerzug Hessencourrier o. Planwagen; Spielbank Kassel-Wilhelmshöhe.

ⓘ Kassel Service GmbH, Königsplatz 53, 34117 Kassel, Tel. 0561/707707;
Tourist Information im ICE Bahnhof Wilhelmshöhe, Willy-Brandt-Platz 1, 34131 Kassel, Tel. 0561/34054.

Maßstab 1:16.000 (0 – 200 – 400 – 600 – 800 m)

Der Mittelpunkt von Wolfhagen ist der Marktplatz mit dem schmucken Rathaus und der Alten Wache.

Auf ›Schatzsuche‹ in Hessens Norden

Auf Waldgeschichte und -geschichten trifft der Wanderer im Reinhardswald: 400 Jahre und mehr zählen die Baumriesen im Urwald Sababurg, um viele hundert Jahre älter sind die Haustierrassen im Tierpark der Burg. Künstlerhand dagegen formte die Natur im Park des Rokoko-Schlosses Wilhelmsthal. Neugierig auf andere Kulturen war schon vor über 400 Jahren Hans Staden aus dem Fachwerkstädtchen Wolfhagen. In der ›Wahrhaftigen Historia‹ erzählt er von dem Abenteuer.

Fachsimpeln unter Segelfliegern in Hofgeismar-Hümme ▽

△ Magnolienblüte in Veckershagen an der Weser am Ostrand des Reinhardswalds

Sababurg: Theaterspiel in historischem Gemäuer ▽

△ *Schloß Wilhelmsthal: der Ehrenhof mit den Schloßgebäuden …* … *und der Schloßpark mit Wasserbecken und Skulpturen* ▽

Wald ist nicht gleich Wald. Der Norden des Hessischen Berglands kann darin mit einigen Raritäten aufwarten. Zeugen früherer Waldnutzung machen hier Wanderungen und Spaziergänge nicht nur zu Entdeckungsreisen in die Natur, sondern auch in die Geschichte der Landwirtschaft.

Riesen im Urwald Sababurg

Malerische Baumriesen, Eichen von 200, 400 und noch mehr Jahren, machen das Naturschutzgebiet mit dem verheißungsvollen Namen Urwald Sababurg im Westen der alten Feste zu einem ›Schatzhaus der europäischen Wälder‹. Bis um 1860/70 wurde das Gebiet intensiv als sogenannte Hute, Waldweide, genutzt. Damals sah es keineswegs so urtümlich aus wie heute, sondern viel kahler. Denn Tausende von Tieren – Pferde, Rinder, Schafe, Schweine und Ziegen – wurden zur Mast in den Wald getrieben. Äste, Gräser, Blätter, Bucheckern, Pilze, Wildobst, aber auch Schnecken, Mäuse und Insekten dienten ihnen als Nahrung. Die besten Futterlieferanten waren dabei die Eichen: Bis zu fünf Tonnen Eicheln pro Jahr und Hektar konnten sie hervorbringen. Das jedoch nur, wenn sie einzeln standen und sich eine weit ausladende Krone entwickeln konnte.
Bereits 1907 wurde der größte Teil des Walds mit seinen schönen alten Bäumen unter Schutz gestellt. Seitdem dürfen sich die Pflanzen und Tiere nahezu unbeeinflußt vom Menschen entwickeln.

Przewalskis und andere Urtiere

Nicht nur um Wild für seine Jagdgesellschaften und Fleisch für die Speisekammer ging es Landgraf Wilhelm IV., als er 1571 den Thierpark an der Zapfenburg – aus Zappenborgk, Zappenburg, Zapfenburg wurde schließlich Sababurg – einrichtete. Er sollte auch der Bildung seiner Untertanen dienen.
Heute ist der Tierpark Sababurg ein Natur- und Kulturdenkmal. In den ausgedehnten Anlagen leben alte Tierrassen wie Wisente, Auerochsen und Skuddenschafe. Aus der Mongolei stammen die Steppenpferdchen mit dem unaussprechlichen Namen

△ Noch heute von einer hohen Mauer umgeben ist die Wehrkirche von Lohfelden

△ Das geschichtsträchtige Zentrum von Kaufungen bildet der Stiftshof mit der Stiftskirche

Fernblick über den Naturpark Habichtswald von den Helfensteinen am Dörnberg ▽

△ Lohfelden: Nobelkarossen vergangener Tage im Kutschenmuseum

Bizarr: Basalt am Dörnberg ▽

Przewalski. Die Menschen der Altsteinzeit verewigten sie mit ihrer charakteristischen Stehmähne und dem dunklen Aalstrich auf dem Rücken bereits in ihren Höhlenbildern. Heute gibt es weltweit noch rund 1500 Przewalskis.
Die wilden Tarpane, einst Steppenbewohner Eurasiens, rottete der Mensch zwischen 1875 und 1918 aus. Die Hengste pflegten sich einst aus den Herden in den weiten Steppen Stuten zu holen, was die Pferdezüchter nicht hinnehmen konnten. Sie bekämpften die ›Räuber‹. Andere Tiere entkamen in die Freiheit und verwilderten, so daß man Tarpane heute als eine verwilderte alte Haustierrasse bezeichnet.

Rokokoschloß Wilhelmsthal

Als Sommersitz ließ sich Landgraf Wilhelm VIII. von 1747 bis 1772 von Charles und Simon Louis du Ry Schloß Wilhelmsthal in weitläufigem Park errichten. Es gilt als schönstes Rokokoschloß nördlich des Mains. Mit der kostbaren Ausstattung hat man die Natur nach innen geholt: Pflanzen und Vögel sind auf die Tapeten gemalt und in üppigen Schnitzereien auf Türen und Wänden wiederzufinden, nicht nur im ›Tanz- und Musensaal‹. Höchste Handwerkskunst repräsentiert das ›Papageienkabinett‹. In der ›Schönheitsgalerie‹ hängen 14 Porträts gutaussehender Damen des Landadels aus dem 18. Jahrhundert, die sich von Johann Heinrich Tischbein d. Ä. malen ließen.

Klosterkirche mit Kaiserloge

Ein Gelübde der Kaiserin Kunigunde, Gemahlin Heinrichs II., um 1017 gehört zu den Anfängen des Stifts von Kaufungen. Würde sie von einer schweren Krankheit genesen, wolle sie ein Benediktinerinnenkloster gründen. Sie wurde gesund, und zwei Jahre später begannen die Bauarbeiten. Etwas aufwendiger als üblich geriet der Bau der Kirche, denn es handelte sich schließlich um eine kaiserliche Stiftung. Daß die hohen Herrschaften hier auch gelegentlich der Messe beiwohnen wollten, zeigt die Gestaltung des Westbereichs der Kirche. Gerahmt von zwei schlanken Säulen, befand sich dort der erhöhte Platz für das Herrscherpaar.

△ Zierenberg: das Fachwerk-Rathaus mit der Stadtkirche, ... die wertvolle gotische Malerei birgt ▽

Peter Rösel genant / die Frantzosen richteten jre Bott zů
mit geschütz / fuhren zů jnen hinein / meynten sie zunemen
Namen mich mit / das ich mit jnen reden solt / sie solten sich
auffgeben. Aber wie wir das schifflein anfielen / schlugen sie
vns widerumb ab / wurden etliche Frantzosen erschosen / et
liche verwundt / Ich wurd auch in den todt verwundt mit
eynem schoss / vil herter dann der lebendigen verwundten
keyner / Rieff in der angst zů meinem herrn / dann ich fühlte
nichts

nichts anders dann todes not / vnd bat den gütigen vatter /
dieweil er mir auß der tyrannen gewalt geholffen hette / wöl
te mich doch bei dem leben behalten / das ich möchte widerumb
in Christen landtschafft kommen / vnd seine an mir erzeygte
wolthat andern leuten auch verkünden. Vnd ich bekam mei
ne volkomne gesundtheyt wider. Gelobet sei der gütige Gott
von ewigkeyt zů ewigkeyt.
Anno Domini 1554. den letzten Octobris / giengen wir in
dem hauingen Rio de Jenero zů siegel / vnd fuhren wider nach

△ Wolfhagen: ›Wahrhaftige Historia‹, Reisebericht des 16. Jahrhunderts aus Brasilien

△ Das ehemalige Augustinerkloster in Emstal-Merxhausen

Fachwerkhäuser in der Altstadt von Naumburg ▽

Einer der besten Aussichtspunkte im Habichtswald ist die Ruine der Weidelsburg bei Wolfhagen-Ippinghausen ▽

Doch Kunigunde und Heinrich II. nutzten ihre Loge nie: Der Kaiser starb ein Jahr vor der Weihe der Kirche 1025, und Kunigunde ging als Nonne in das von ihr gestiftete Kloster – und damit stand es auch ihr nicht mehr an, hoch oben über dem Volk zu thronen. Daran muß ihr aber auch nicht viel gelegen haben; ein anderes Leben war ihr Ideal, wie es ihre Heiligsprechung im Jahr 1200 andeutet.

Ein früher Weltenbummler

Ein ungewöhnlich reiselustiger Bürger kam einst aus Wolfhagen. Gerade einmal 50 Jahre nach der Entdeckung Amerikas durch Kolumbus reiste Hans Staden (1510 bis 1576) als Söldner, Bogenschütze und Abenteurer mit portugiesischen Seeleuten nach Südamerika. Sogar zweimal machte er das gefährliche Unternehmen mit. Sein ursprünglicher Beruf als Pulvermacher weist ihn als Mann mit Mut zum Risiko aus. Von seinen Erlebnissen mit ›Wilden, Nacketen, Grimmigen Menschenfresser Leuthen‹ berichtet er in dem 1557 erschienenen Buch ›Wahrhaftige Historia‹.
Ihm gebührt damit der Rang eines der frühesten Völkerkundler und Kenner Brasiliens. In São Paulo gibt es heute ein Hans-Staden-Institut, das sich ähnlich den Goethe-Instituten darum bemüht, deutsche Sprache und Kultur zu vermitteln. In Wolfhagen fördert eine Hans Staden-Stiftung internationale Beziehungen.

Alte Fachwerkstädtchen

Wolfhagen, Kaufungen, Zierenberg und Naumburg leiten den Reigen von Hessens Fachwerkstädtchen ein. Hier am Nordrand mischen sich noch Einflüsse aus Niedersachsens Fachwerk in die Ortsbilder. Sie haben die Diemelsachsen-Häuser hervorgebracht. Auffälligstes Merkmal ist ihr großes Tor, durch das man das Gebäude nicht nur betreten, sondern auch befahren kann. Wie beim niedersächsischen Fachwerkhaus liegt das oft mit Schnitzereien geschmückte Portal in der Regel an der Giebelseite des Hauses. Typisch für das hessische Fachwerkhaus dagegen sind die Zwerchhäuser, kleine, quer zur Dachrichtung stehende Dachhäuschen.

BEVERUNGEN
USLAR
Bad Karlshafen
W.-Lippoldsberg
BORGHOLZ
BORGENTREICH
TRENDELBURG
Br.-Peckelsheim
Warburger
Börde
Str. d. Weser-Renaissance
Deutsche Märchenstr.
Deutsche Fachwerkstr.
Wesertalstraße
HOFGEISMAR
LIEBENAU
WARBURG
GREBENSTEIN
IMMENHAUSEN
H.M.-Bursfelde
Reinhardswald
Bramwald
HANN.MÜNDEN
Calden
VOLKMARSEN
ZIERENBERG
Ahnatal
VELLMAR
Fuldatal
KASSEL
Staufenberg
Kaufunge
WOLFHAGEN
Naturpark
Habichtswald
Schauenburg
Niestetal
Kaufungen
Lohfelden
Meißner
BAUNATAL
Fuldabrück
Söhrewald
NAUMBURG
NIEDENSTEIN
Bad-Emstal
Edermünde
Guxhagen
HESS. LICHTENAU
Helsa
GUDENSBERG
Weser
Fulda
Diemel
Twiste
50
76

Wo gibt es was?

Fähnchennummer = Textnummer ℹ = Auskunft

Sababurg ①

Die Burg liegt mitten im Reinhardswald.
Geschichte: Der Stützpunkt des Mainzer Erzbischofs wurde um 1300 als Zappenburg erstmals genannt; wichtige Aufgabe war der Schutz der Wallfahrt zur Bluthostie von Gottsbüren. 1429 kam die Burg an die hessischen Landgrafen und verfiel. 1486–1522 Ausbau zum Jagdschloß. Im 30jährigen Krieg starke Zerstörungen. 1649/51 Wiederaufau im Stil der Weserrenaissance; im 18. Jh. Ausbau zum repräsentativen Landsitz; im 19. Jh. bedeutende Abrisse. 1960 Restaurierung der Ruine und Hotel-Einrichtung in den verbliebenen Gebäuden. Neuanlage eines Burggartens mit 52 historischen Rosensorten. Seit 1987 befindet sich auch ein Standesamt in dieser malerischen Anlage.
In dem ausgedehnten Tierpark zu Füßen der Sababurg leben alte Tierrassen. Vertiefung bietet das Forst- und Jagdmuseum (tgl. Nov.–Febr. 10–16, März, Okt. 9–17, April–Sept. 8–19 Uhr).
Veranstaltungen: Freilichtaufführungen in der Ruine des Palas (Juni–Sept.); Theateraufführungen im Gewölbekeller (ganzj.); Konzerte im Landgrafenzimmer (ganzj.).
Umgebung: Naturschutzgebiet *Urwald Sababurg* (92,17 ha; Führungen durch Reinhards- und Urwald Sababurg: Hess. Forstamt, Obere Kasseler Str. 27, 34359 Reinhardshagen, Tel. 05544/95100).
ℹ Stadtverwaltung, Markt 1,
34369 Hofgeismar, Tel. 05671/999000.

Calden-Wilhelmsthal ②

Schloß Wilhelmsthal (1747–72) besitzt eine reiche Innenausstattung. Das Mobiliar ist größtenteils original. Die Schönheitsgalerie zeigt mehrere Porträts von J. H. Tischbein d. Ä. Im Seitentrakt ist die Schloßküche (18. Jh.) erhalten (März–Okt. di–so 10–17, Nov.–Febr. di–so 10–16 Uhr).
Aktivitäten: Freibad; Tennisplätze.
ℹ Gemeindeverwaltung, Holländische Str. 35, 34379 Calden, Tel. 05674/7020.

Kaufungen ③

Die Großgemeinde (12 000 Einw.) liegt im Lossetal südöstlich von Kassel.
Geschichte: Um 1011 rückte ›coufunga‹ ins Licht der Geschichte, nachdem Kaiser Heinrich II. seinen Hof von Kassel nach Oberkaufungen verlegt hatte. Mit Marktrechten ausgestattet, sollte es Kassel übertrumpfen. 1019–25 Bau der Klosterkirche der Benediktinerinnen. 1527 Auflösung des Klosters, ab 1532 Damenstift der Althessischen Ritterschaft. Dank Glashütten, Alaunabbau, Kupferverarbeitung florierte die Wirtschaft im 15./16. Jh. Niederkaufungen wurde zum bedeutenden Wirtschaftsstandort, Oberkaufungen blieb ein Ort mit Angestellten des Stifts. 1970 schlossen sich beide Gemeinden zur Großgemeinde Kaufungen zusammen.
Sehenswert ist der Stiftshof mit romanischer Basilika, Georgskapelle (um 1000) und Stiftsgebäuden (17./18. Jh.) im historischen Zentrum von Kaufungen.
Museen: Regionalmuseum, Schulstr. 33: Geschichte des Stiftes, Alltagsgeschichte im Altkreis Kassel, Schaustollen (April bis Okt. di, fr 10–13, mi, do, sa 14–17, so 10–17 Uhr). Westeuropas einzig erhaltener bergmännischer Pferdegöpel ist das Bergwerkmuseum Roßgang in Oberkaufungen, Freudentalstraße (April–Okt. so 10–12, sonst n.V. Tel. 05605/8020).
Aktivitäten: Tennisplätze; Reiten; Wander- und Radwanderwege im Kaufunger Wald; Erholungs- und Freizeitpark Steinertsee.
Veranstaltungen: Heimatfest (5jährl.); Kaufunger Konzerte in der Stiftskirche.
Umgebung: *Lohfelden* (4 km südwestl.) gehörte einst zum Stift Kaufungen; es besitzt eine Wehrkirche (14./18. Jh.), Gerichtslinde und das Hessische Kutschen- u. Wagenmuseum, Friedrich-Ebert-Ring 14 (n. V., Tel. 05608/514018). *Helsa* (5 km südöstl.) hat eine Hugenottenkirche (1727).
ℹ Verkehrsverein, Leipziger Str. 463,
34260 Kaufungen, Tel. 05605/8020.

Zierenberg ④

Der staatlich anerkannte Luftkurort liegt im Naturpark Habichtswald.
Geschichte: Ende des 13. Jh. vom hessischen Landgrafen gründet, wurde der Ort 1386 an den Bischof von Mainz verpfändet. 1470 kam er wieder an Hessen. 1538, 1653 und 1707 große Stadtbrände; erhalten blieben der rechtwinklige Straßengrundriß einer mittelalterlichen Planstadt mit Resten der Stadtmauer.
Sehenswert ist die gotische Stadtkirche mit schönen Wandmalereien (14./15. Jh.) und Gewölbe-Schlußsteinen sowie einer Barockorgel (Kirchenführung Mai–Sept. mi 15 Uhr, anschließend Kaffeetrinken mit Kuchen im Türmerstübchen im Kirchturm möglich; Anmeldung im Verkehrsbüro). Das Fachwerk-Rathaus (1450) ist das älteste datierte in ganz Hessen.
Umgebung: Aus *Schloß Escheberg* (1530; 6 km nordwestl.) mit Orangerie (privat) wurde ein großer Gutsbetrieb. Der kleine Schloßpark mit exotischen Bäumen steht dem Besucher offen. Die Attraktionen im *Naturpark Habichtswald* (110 ha; 10 km südwestl.) sind die Basaltfelsen, wie die Helfensteine oder die Wichtelkirche auf dem Dörnberg. Auf den trockenen Kalkböden gedeiht eine eigene Tier- und Pflanzenwelt, unter anderem Orchideen, Enziane, Schmetterlinge und viele Vogelarten (Lehrpfade).
Aktivitäten: Frei- und Hallenbad; Tennisplätze; Minigolf; Rollschuhbahn; Golfplatz; Segelflugplatz; Radwanderwege; 100 km markierte Spazier- und Wanderwege; geführte Wanderungen; Kutschfahrten; winters Skilanglauf.
Märkte: Viehmarkt (Juli); Historischer Markt (Sept.); Märchenweihnachtsmarkt.
ℹ Verkehrsbüro, Poststr. 20,
34289 Zierenberg, Tel. 05606/519125.

Wolfhagen ⑤

Die im 13. Jh. gegründete Fachwerkstadt (14 400 Einw.) hat ihr historisches Aussehen in besonders gepflegter Art erhalten.
Sehenswert unter den Fachwerkhäusern (17./18. Jh.) sind besonders das Rathaus (1657–59 auf Gewölben des 13. Jh.) mit seinen 222 Margeritenblüten auf den Balkenköpfen sowie die Alte Wache (1667) auf dem Marktplatz. Dort steht auch als gotischer Hallenbau die St. Annakirche (1699; 55 m hoher Turm), Schlußsteine der Gewölbe mit Reliefs, Orgel (1725).
Museum: In einigen Gebäuden der Burg (Landgrafenbau 1513/1888/1832, Rentamt 17. Jh., Zehntscheune 18. Jh.) befindet sich das Regionalmuseum, Ritterstraße: Vor- u. Frühgeschichte, Mittelalter, Handwerk, Fachwerkarchitektur, Stadtmodell, Hans Staden (di–do 10–13 u. 14–17, sa/so 14.30–17.30 Uhr). Auf dem Burggelände: Geologischer Zeitweg, Burggarten.
Aktivitäten: Erlebnisbad; Tenniszentrum; Segelflugplatz; Fahrradverleih; Reiterhof. In *Bad Emstal* (11 km südöstl.): Thermalbad u. Kureinrichtungen; Heilkräutergarten im Kurpark; Tennisplätze u. -halle; Reiten; Angeln; Wander- u. Radwanderwege; Planwagenfahrten; winters Langlauf, Rodeln.
Veranstaltungen: Viehmarkt (3. Juli-Wochenende); Aufführungen der Waldbühne Niederelsungen (2jährl.); Schützenfeste.
Umgebung: Gute Fernsicht bietet die *Weidelsburg* (6 km südl.; 12. Jh., Ruine seit Ende 16. Jh.; Weidelsburgfest So nach 17. Juni); in *Balhorn* (8 km südöstl.) steht eine Wehrkirche (Turm 15. Jh., klassizistisches Schiff 18. Jh., Ende 19. Jh. neobarock erweitert); *Riede* (13 km südl.) hat einen Aussichtsturm (Anf. 19. Jh.).
ℹ Stadtverwaltung, Burgstraße,
34466 Wolfhagen, Tel. 05692/6020.

Naumburg ⑥

Staatlich anerkannter Kneipp-Kurort im Elbetal des Naturparks Habichtswald.
Sehenswert: Fachwerkhäuser (17./18. Jh.) und das Elberberger Türmchen (1825), später Wächterhaus einer Kirschplantage.
Museen: Eisenbahnmuseum, Lerchenweg 2 (n. V. Kurverwaltung u. wenn der Hessencourrier hält). Imkerblicke gewährt die Hummelschauanlage (stets zugängl.).
Aktivitäten: Freibad; Kurpark; Tennisplatz; Reiterhof; Radverleih; über 100 km Rad-, Wander- u. Terrain-Kurwege; Angeln.
Veranstaltung: Karneval.
ℹ Kurverwaltung, Hattenhäuser Weg 10,
34311 Naumburg, Tel. 05625/790915.

Maßstab 1:200.000
0 2 4 6 8 10 km

Alte Fürstenherrlichkeit wird wieder zum Leben erweckt bei den Barock-Festspielen von Bad Arolsen.

Waldecker Land, Favorit der Urlauber

Mit seinen sauberen Gewässern, dem Eder-, Affolderner- und Diemelsee, seinen Bergen und ausgedehnten Wäldern ist die Landschaft im äußersten Nordwesten Hessens zum beliebtesten Urlaubsgebiet des Bundeslandes aufgestiegen. Architektonische Entdeckungen sind die Diemelstädter Fachwerkbauten, Korbachs Steinkammern und das Barockschloß in Bad Arolsen.

△ Staatsbad Wildungen: Zum Kurpark gehört die von 1928 bis 1930 erbaute neoklassizistische Wandelhalle

△ Wasserspiele im Aquapark am Edersee

Greifvogel-Vorführung im Wildpark Edertal ▽

△ Besonders reich und stolz: Frankenbergs vieltürmiges Rathaus (1509)

Von der Staumauer des Edersees reicht der Blick über waldige Höhen zum Schloß Waldeck ▽

Eine Studie hat ergeben, daß die Umweltsituation in dem Landkreis Waldeck-Frankenberg zu den 40 besten des Bundesgebiets gehört. Die Luft ist durch den hohen Waldanteil – auf jeden Einwohner kommen hier rund 5400 Quadratmeter Wald – unglaublich sauber. Den Gewässern bescheinigen die Wissenschaftler eine genauso überdurchschnittliche Güte.

Das Seenland Waldeck

So sehr heute auch Erholungsuchende von dem 27 Kilometer langen Edersee profitieren, angelegt wurde er von 1908 bis 1914 aus völlig anderen Gründen. Er sollte dem Ausbau des Binnenwasserstraßennetzes dienen; man wollte Wasserreserven bereitstellen, um auch in trockenen Zeiten die obere Weser schiffbar halten zu können. Daneben sollten die untere Eder, untere Fulda sowie die Weser vor Hochwasser geschützt werden, und letztendlich die Wasserkraft auch zur Energiegewinnung eingesetzt werden.

1931 errichtete die Preussen Elektra mit Waldeck I eines der ersten Pumpspeicherkraftwerke Deutschlands. In den 1970er Jahren baute man in einer riesigen künstlichen Höhle, einer Kaverne mit 33 Metern Spannweite, ein weiteres Kraftwerk, das sogar Besuchern offen steht.

Als Hochwasserschutz für das Diemeltal baute man die Twistetalsperre, deren Stausee zu den saubersten Gewässern Deutschlands gehört. Der obere Lauf der Diemel wird bereits nach 15 Kilometern von einer Staumauer abgesperrt und bildet mit seinem See ein Paradies für den leisen Wassersport: Motorboote sind hier verboten. Trotz aller sportlichen Aktivitäten auf dem Wasser bleibt den Tieren an den Waldecker Seen genügend Raum, Schutzzonen ermöglichen auch der Flora, von den guten Bedingungen zu profitieren.

Goldrausch im Edertal

Vor dem Bau der Edertalsperre spannten die Bewohner der Gegend im Frühjahr Felle oder rauhe Tücher auf Pflöcke, um damit die feinen Goldflitter aus dem Ederwasser abzufangen und zu sammeln. Es war so eine mühselige Arbeit, daß unter der Herrschaft des Landgrafen

△ Korbach: Familie in Waldecker Tracht am ›Kump‹, ...

An Korbachs Altem Rathaus steht ein Roland ▽

... aufwendig geschnitztes Portal am Hartwigschen Haus an der Stechbahn ▽

△ Blick von St. Kilian über Korbach mit der Nikolaikirche

Mittelalterliches Markttreiben erfüllt Korbach im Oktober ▽

Karl Häftlinge auswählen konnten, ob sie ihre Strafe als Turmhaft absitzen oder lieber Goldstaub aus der Eder waschen wollten.
Der Ursprung des edlen Metalls war der Eisenberg südwestlich von Korbach. Wenn dort auch schon zur Zeit Karls des Großen Goldbergbau betrieben worden sein soll, ist er erst für das spätere Mittelalter urkundlich gesichert. Albertus Magnus erwähnte 1250 das Goldvorkommen. Die Blütezeit erlebte der Abbau um 1560, als rund 200 Bergleute hier unter Tage arbeiteten. Die Ausbeute war nicht gerade üppig: Fünf bis sieben Kilo Gold sollen sie pro Jahr ans Tageslicht gebracht haben. Als Vorarbeit mußten erst einmal bis zu 670 Meter lange Stollen in den Berg getrieben werden.

Korbachs alte Steinhäuser

Zwischen den zahllosen Fachwerkhäusern Korbachs fallen alte steinerne Gebäude sofort auf. Weniger alt ist – bis auf seine Südwand mit dem Treppengiebel – das Rathaus, seine vermeintlich historischen Arkaden entstanden sogar erst um 1930 für einen sicheren Fußweg. Doch am Kirchplatz als Teil des neuen Museums sowie an der Violinen- und der Enser Straße stößt man auf historische Bruchsteinhäuser mit Treppengiebeln, kleinen Fenstern und Luken. Es sind Lagerhäuser aus dem späten Mittelalter, als Korbach Hansestadt war – übrigens die einzige in Hessen. Wie vernünftig diese Bauweise war, zeigt sich daran, daß die drei gotischen Steinkammern, wie man diese alten Lagerhäuser nennt, als einzige kaum beschädigt den großen Stadtbrand von 1664 überstanden.

Trendwende im Fachwerkbau

Zum Ende des 15. Jahrhunderts hatte man nicht nur die hessischen Wälder so weit ausgebeutet, daß lange Stämme für ein mehrgeschossiges Fachwerkhaus, einen sogenannten Ständerbau, Mangelware wurden. Dennoch brachten die Zimmerleute mit dem Rathaus von Frankenberg einen respektablen Bau zustande – aus heutiger Sicht sogar eine Pionierleistung.
Die alte Konstruktion des Ständerbaus verwandten sie nur für den

△ Barock-Festspiele in Bad Arolsen: ›Will der Herr Graf ein Tänzchen wagen?‹

Exotisches nach Fürstengeschmack zeigt das Alhambra-Zimmer im Schloß Arolsen ▽

△ In Diemelstadt trifft man noch auf Fachwerkbauten wie in Niedersachsen: Dielenhäuser mit großem Eingangstor

△ Segelspaß auf dem Diemelsee

Landleben pur: glückliche Kühe auf dem Weg zu saftigen Weiden ▽

unteren Bereich der großen Rathaus- und Markthalle, darauf setzten sie ihre neue Bauweise, den Stockwerkbau. Für die Handwerker hatte dies auch noch den enormen Vorteil, daß sie auf den Baustellen nicht mehr ganze hohe Hauswände aufrichten und verbinden mußten. Stockwerkweise ließ es sich leichter arbeiten. Mit dem Frankenberger Rathaus wurde 1509 die neue Ära der Holzarchitektur eingeleitet.

Der Ehrgeiz eines Fürsten ...

Als Friedrich Anton Ulrich 1706 die Führung der Grafschaft Waldeck und Pyrmont übernahm, ›bewarb‹ er sich sogleich um den Rang eines Reichsfürsten als weiteren Schritt auf der Karriereleiter. Die Diplomatie klappte: 1710 wurde aus dem Grafen ein Fürst. Doch bevor dieser Titel rechtsgültig wurde, waren viele Voraussetzungen zu erfüllen, denn mit Arolsen war derzeit kein Staat zu machen.

Ein neues großes Schloß mußte gebaut werden. Auch eine richtige Residenzstadt für die Handwerker, Künstler, Hoflieferanten, Beamten, das Personal des Hofs und einer möglichst großen Zahl guter Steuerzahler fehlte. Darin lag das größte Problem des frischgebackenen Fürsten: Finanziell konnte er sich den neuen Stand gar nicht leisten.

... in der Residenzstadt Arolsen

Schon während des Schloßbaus streikten Handwerker wegen ausbleibender Löhne und Bürger wegen der hohen Abgaben. 1746 war es erstmals nötig, die Zwangsvollstreckung beim Kaiserhof in Wien durch ein zehnjähriges Moratorium abzuwenden. Mit Krediten vom Landgrafen Friedrich II. von Hessen-Kassel und holländischen Banken sowie dem Soldatenhandel, dem Verkauf von Landeskindern für fremde Militärdienste, wurde der Aufbau der Residenz schließlich finanziert.

Das heutige Fürstenpaar Wittekind und Cecilia zu Waldeck und Pyrmont hat solche Probleme nicht. Allerdings sind Unterhalt und ständig notwendige Restaurierungsarbeiten des Anwesens mit seiner reichen Ausstattung ein sehr kostspieliges Erbe, das sich keinesfalls mit den Eintrittsgeldern bestreiten läßt.

MARSBERG
DIEMELSTADT
D'ST.-RHODEN
VOLKMARSEN
BRILON
BAD AROLSEN
Briloner
Naturpark
Diemelsee
Rotes
Land
Twistetal
WOLFHAGEN
Willingen (Upland)
Upland
KORBACH
Waldecker Land
NAUMBURG
WALDECK
Edersee
MEDEBACH
LICHTENFELS
Keller
Edertal
HALLENBERG
BAD WILDUNGEN
FRANKENAU
FRANKENBERG (Eder)
Kellerwald
BATTENBERG (Eder)
Burgwald
Haina (Kloster)
ROSENTHAL
GEMÜNDEN (Wohra)
108
108
76

Wo gibt es was?

Fähnchennummer = Textnummer   ℹ = Auskunft

Bad Arolsen ①

Die Residenzstadt der Fürsten zu Waldeck und Pyrmont (18 000 Einw.) mit ›genormten‹ Häusern, aufwendiger in Schloßnähe, bescheidener in Seitenstraßen und größerer Entfernung, ist seit 1997 auch Heilbad. **Sehenswert** ist das Schloß (1713 begonnen, 1720 bezogen, doch erst Mitte des 18. Jh. fertiggestellt; Führungen Mai–Sept. tgl. 10–16 Uhr, Okt.–April n.V., Ausstellungen di–sa 15–18, so 11–13 u. 15–18 Uhr). **Museen:** Das Schreibersche Haus ist Stadtmuseum, Schloßstr. 24: Schloßbau, barocke Stadtplanung, Malerfamilie Kaulbach (mi–so 15–17 Uhr). Das Rauchhaus, Rauchstr. 6, erinnert an das Werk des Arolser Bildhauers Christian Daniel Rauch (Ostern–Okt. mi–so 15–17 Uhr und n.V.). **Aktivitäten:** Frei- u. Hallenbad; Squash- u. Fitneß-Center; Tennisplätze/-halle; Reiten; Rollschuhlaufen; Golf; Radverleih; Flugplatz und -schule; Wasserskischlepplift; Angeln. **Markt u. Veranstaltungen:** Int. Ausdauersport-Woche (Pfingsten); Arolser Schloßkonzerte (Mai–Sept.); Barock-Festspiele (Mai/Juni); Beach Party (Juni); Int. Bad Arolsen Triathlon (Juli); Kram- und Viehmarkt (Aug.); Staudamm in Flammen (Aug.) **Umgebung:** *Diemelstadt* (13 km nördl.) beeindruckt mit seiner Fachwerkarchitektur, *Volkmarsen* (10 km ostl.) mit der Ruine der Kugelsburg (um 1200). *Kültes* (6 km östl.) Pfarrkirche birgt einen spätgotischen Schnitzaltar (1521). *Landau* (7 km südöstl.) hat eine historische Wasserförderanlage (1535), Im Burggrund (Mai–Okt. so 10–12 Uhr, sonst n.V., Tel. 05696/1043).

ℹ Amt für Wirtschaftsförderung und Tourismus AWT, Landauer Str. 1, 34454 Bad Arolsen, Tel. 05691/89440.

Korbach ②

Die Kreisstadt (24 500 Einw.) liegt am Übergang vom westfälischen Sauerland zum Hessischen Bergland. **Sehenswert:** Aus der Altstadt um St. Kilian (14. Jh., Südportal um 1400, Flügelaltar 1527) und der Neustadt um St. Nikolai (Mitte 15. Jh., Flügelaltar 1518, monumentales Grabmal von 1692) wurde 1377 ein vereinigtes Korbach. Auf der Grenze der einstigen Stadtteile steht das Rathaus (Keller und Treppengiebel 14. Jh., Gebäude frühes 18. Jh.; Roland um 1470). Die alte Stadtbefestigung blieb mit Teilen der Mauer, Türmen und der Doppeltoranlage des Enser Tors (1414) erhalten. Am Marktplatz beeindrucken das Altstädter Rathaus, die ehemalige Waage (Südwand 14. Jh., Fachwerk 1730), der Brunnenkump (1732) und der Pranger. **Museum:** Zwischen Markt und St. Kilian wurden alte Häuser mit modernen Anbauten zum Museum Korbach zusammengefaßt, Kirchplatz 2: Stadtgeschichte, Naturkunde und Geologie Waldecks, die Korbacher Spalte, Bergbau (April–Okt. di–sa 10.30–12.30 u. 14–17, so/fei 10.30–17, Nov.–März jeweils bis 16 Uhr und n.V.). **Aktivitäten:** Freizeit-, Hallen- und Freibad; Squashhallen; Tennishallen und -plätze; Motor- und Segelfluggelände; Sportkegelbahnen; Angelteiche; Reitanlagen. **Märkte:** Bauernmarkt (sa vormittags); Töpfermarkt (Mai); Kiliansmarkt (Juni); Mittelalterlicher Markt (Okt.). **Umgebung:** In *Adorf* (13 km nördl.) wurde von 1273 bis 1962 Eisenerz abgebaut. Besucherbergwerk Grube Christiane, Zugang von der Straße Adorf–Padberg (April–Okt. mi 14–17, sa 13–17, so 10–17 Uhr). Zum Stausee *Diemelsee* (19 km nordwestl.) gehören ein Naturpark mit Wander- u. Wassersportangeboten und Naturschutzgebiete.

ℹ Tourist Information, Stechbahn, 34497 Korbach, Tel. 05631/53231.

Edertal ③

Der 27 km lange Stausee Edersee ist das beliebteste Reiseziel in Nordhessen. **Sehenswert** sind Informationszentrum und Kavernenkraftwerk in Edertal-Hemfurth, Kraftwerkstr. 10 (Karfreitag–Okt. di, fr 9.30 Uhr, Gruppen n. Anm. di–so 9.30, 11.30, 14.30 Uhr, Tel. 05623/948390). **Aktivitäten:** Erlebnisbad mit Saunalandschaft; Schwimmen; Segeln; Surfen; Wasserskilaufen; Tauchen; Paddeln; Aquapark für Kinder; Fahrgastschiffe. Wandern; Radverleih ›Fahrrad-Pool‹, bei dem die Räder beliebig an einer der 12 Stationen wieder abgegeben werden können; Sommerrodelbahn; Seilbahn auf den Peterskopf; Wildpark Edersee (85 ha) mit Streichelzoo und Greifvogelwarte (tgl. Mai–Okt. 9–18, Nov.–Febr. 11–16, März, April 10–18, Flugvorführungen di–so 11 u. 15 Uhr). **Umgebung:** Der *Affolderner See* unterhalb der Edersee-Staumauer ist Brutstätte der Wasservögel und Naturschutzgebiet. Schloß *Waldeck* (3 km nordöstl.), anfangs Burg (13. Jh., Ausbau 16./17. Jh.), ist jetzt Hotel u. Burgmuseum (tgl. 9–17.30 Uhr). *Netzes* (3 km nördl.) alte Klosterkirche hat einen gotischen Altar (1370/80) und Grabmäler der Waldecker Grafen und Fürsten. **Veranstaltungen:** Edersee-Fest (Juli); Kindertag am Edersee (Aug.); Edersee-Super-Marathon (Sept.); Ritterspiele auf Schloß Waldeck (Aug. sa–do 11.30, 14, 16 Uhr); ›Waldecker Kinderspaß‹ (Sommerferien).

ℹ Edersee-Touristic GmbH, Sachsenhäuser Str. 10, 34513 Waldeck, Tel. 05623/99980.

Bad Wildungen ④

Bad Wildungen (12 000 Einw.) zusammen mit dem benachbarten Privatbad Reinhardshausen ist heute eines der größten und modernsten Heilbäder Deutschlands. **Museum:** Fürst Friedrich Anton Ulrich von Waldeck ließ im 18. Jh. eine ältere Familienresidenz zum Schloß Friedrichstein ausbauen. Die barocke Anlage birgt die Militär- und Jagdabteilungen der Staatlichen Museen Kassel (März–Okt. di–so 10–13 u. 14–17, Nov.–Febr. bis 16 Uhr). **Aktivitäten:** Wanderwege (über 500 km); Freizeitzentrum mit Kunsteisbahn (Winter); Tennisplätze/-halle; Minigolf; Reithalle; Radverleih; Golf; Kegeln; Freiluftschach; Tanz. **Markt u. Veranstaltungen:** Theatergastspiele; Konzerte; Altstadtjazzfestival (Juni); Freilichtkonzerte im Schloßhof (Juli); Kram- und Viehmarkt (Juli); Folkfest (Juli).

ℹ Kurverwaltung, Langemarckstr. 2, 34537 Bad Wildungen, Tel. 05621/70401.

Frankenberg ⑤

Die Kleinstadt (18 000 Einw.) im Ederbergland besteht zu über 40 Prozent aus Wald. Einige Stadtteile tragen das Prädikat ›Staatlich anerkannter Luftkurort bzw. Erholungsort‹. **Sehenswert** ist der Obermarkt mit dem zehntürmigen Rathaus (1509–13) und dem Steinhaus (1240), dem ältesten Haus der Stadt. Die gotische Stadtkirche (Grundsteinlegung 1286, Langhaus 1337, Chorweihe 1353, Marienkapelle um 1380), ähnelt der Elisabethkirche in Marburg. **Museen:** Das frühere Kloster St. Georgenberg birgt das Kreisheimatmuseum, Bahnhofstr. 8 (di, do 10–12, mi, so 15–17 Uhr). Das Museum Thonet, Michael-Thonet-Str. 1, erinnert an den berühmten Erfinder der industriellen Bugholzmöbel (mo 10–12 u. 14–17, mi, fr 14–17 Uhr). **Aktivitäten:** Freibäder; Hallenbad; Sport-, Tennis- und Reitplätze; Trimmpfad; Wassertretbecken; Minigolf; Kegelbahnen; Wanderwege. **Märkte u. Veranstaltungen:** Bauernmarkt in der alten Rathaushalle (sa 9–12 Uhr); Pfingstmarkt; Lichterfest mit Folklore und Feuerwerk (letztes Aug.-Wochenende alle ungeraden Jahre); Konzerte (Sommer) in der eindrucksvollen frühgotischen Klosterkirche (1328) *Haina* (14 km westl.).

ℹ Städtisches Fremdenverkehrsamt, Obermarkt 7–13, 35066 Frankenberg, Tel. 06451/505113.

Battenberg ⑥

Zur Großgemeinde gehören auch Berghofen, Laisa, Dodenau und Frohnhausen. **Sehenswert:** Die frühgotische Hallenkirche (13. Jh.) prägt die malerische Altstadt. **Aktivitäten:** Hallenbad; Freibäder; Tennis; Minigolf; Reiten; Kutschfahrten; Radverleih; Drachenflugstartplatz und -schule; Wald-Trimm-Pfad; Angeln; winters Langlauf. **Umgebung:** *Frohnhausen* (5 km südl.) hat eine Wehrkirche (14./18. Jh.). Wildgehege *Dodenau* (7 km westl.) mit Rot-, Dam-, Schwarz-, Muffelwild (stets frei begehbar).

ℹ Verkehrsamt, Hauptstr. 58, 35088 Battenberg, Tel. 06452/934422.

Maßstab 1:200.000 (0 2 4 6 8 10 km)

Vom sächsischen Elbufer bei Torgau 1920 nach Herleshausen verlegt wurde das Vollblutgestüt Altefeld.

Das Werratal, eine Region für Genießer

Ende April, Anfang Mai überzieht eine ungeahnte Kirschblütenpracht das Werratal um Witzenhausen. Der Saft der roten Früchte liefert diverse schmackhafte Getränke. In den Dörfern um den Hohen Meißner, mit seinen 754 Metern das ›Dach‹ Nordhessens, pflegt man die heimische Küche. Gelegenheit zum Kalorienabbau bieten die Wanderwege im Meißner-Kaufunger Wald. Einen Genuß ganz anderer Art verspricht die Fahrt auf dem Kunst-Radweg längs der Werra.

△ Im malerischen Innenhof der Jugendburg Ludwigstein

Ihre Majestät, die Kirschenkönigin von Witzenhausen ▽

△ Altes Backhaus im Europäischen Brotmuseum Mollenfelde

△ Beschauliche Fortbewegung: Wasserwandern auf der Werra

Mit Zinnen und Türmchen: Schloß Berlepsch bei Witzenhausen ▽

Liebhaber von bodenständiger regionaler Küche sind im Werra-Meißner-Land am richtigen Ort. Bekannteste Spezialität ist die ›Ahle Wurscht‹. Die 400 bis 500 Gramm schweren leicht geräucherten Schweinefleisch-Würste sind mit Brot, Butter, Gurke und Tomate eine herzhafte Brotzeit. Aber auch zu warmen Gerichten, wie Kartoffelklößen und Schmandsauce, sind sie ein Genuß.

Schmand ist unverzichtbar in Nordhessen. Den sauren Rahm mischt man auch Salatsoßen bei oder nimmt ihn beim ›Schmandduckewerk‹ als Grundlage: In diese Soße kommen außerdem Speck, Zwiebeln und ein Schuß süße Sahne. Auch bei den ›Lumpen und Flöh‹, dem Wirsinggemüse mit Speck und Zwiebeln, darf Schmand nicht fehlen. Nicht nur herzhaft, sondern auch leicht gesüßt wie bei einem Käsekuchen, ist der saure Rahm beim Schmandkuchen ein leckerer Belag. Und wer ›Storzenieren‹ bestellt, darf keine Innereien erwarten. Dahinter verbergen sich Schwarzwurzeln.

Kulinarisch durchs Jahr

Viermal im Jahr – im März, Juni, September und Dezember – bieten viele Restaurants einen Monat lang Nordhessens traditionelle Küche an. Im Frühling steht das Fleisch von jungen Tieren, Meißnerlämmern, Schweinen oder Kaninchen, auf dem Speiseplan. Frischer Bärlauch wird zu Soßen verarbeitet. Im Sommer gibt es viel Salat und Gemüse, und die unverzichtbare Schmandsoße erhält jetzt Kräuter dazu; die berühmte ›Grüne Soße‹ schmeckt nun am würzigsten.

Im Herbst ist Saison für Wildbret und Pilze. Hirschkälber, Reh, Hase, Wildschwein, aber auch Forellen müssen dann für Feinschmecker ihr Leben lassen. Der Winter ist die Zeit der deftigen Schlachtplatten. Wer welche Spezialität anbietet – und das zu ganz vernünftigen Preisen – kann man mühelos aus den Faltblättern ›Die Heimat-Karte‹ erfahren.

›Kirschenstadt‹ Witzenhausen

Rund 150 000 Kirschbäume stehen in Witzenhausen und drumherum. Die helle Königskirsche, die dunkle ›Hedelfinger‹, aber auch die

△ Gradierwerk in Bad Sooden-Allendorf

Meißner-Germerodes alte Klosterkirche ▽

Bad Sooden-Allendorf: deutsch-deutsche Nachkriegsgeschichte im Grenzmuseum ▽

△ Zentrum von Allendorf ist der malerische Marktplatz

Entdeckungen unter Tage in Meißners Grube Gustav ▽

›Schwarze Knorbel‹ und ›Schneiderskirsche‹ zählen zur Grundlage einer vielseitigen Kirschverwertung. Unvergoren gibt es den Kirschsaft. Mit unterschiedlichen Prozenten wird aus den roten Früchten Bier, Wein, Likör und Kirschwasser hergestellt. Im Winter wärmt man sich bei Glühkirsch. Und wohl einmalig auf der Welt ist, daß zur Kesperkirmes aus dem Marktbrunnen ›Kirsch-Freisaft‹ sprudelt. Die hochprozentigen Kirschwasser und Kirschliköre werden jedoch nicht an der Werra gebrannt: Man besitzt in der Stadt keine Brennrechte. Dazu müssen die Früchte in den Schwarzwald gebracht werden. Den Kirschwein dagegen keltert man am wesentlich näher gelegenen Edersee.

Am Ruf der ›Kirschenstadt Hessens‹ ändert auch die Tatsache nichts, daß man in Witzenhausen inzwischen gleichfalls auf den Holunderanbau setzt. Im Vergleich zu Kirschen sind Holunderbeeren unempfindlicher gegen späte Nachtfröste oder längere Regenperioden. Ein weiterer Pluspunkt ist: Sie lassen sich ebenfalls sehr vielseitig verarbeiten.

Söder, Sälzer und Pfänner

Sooden und Allendorf brachte die Arbeit mit dem ›weißen Gold‹ vom 16. bis 19. Jahrhundert Wohlstand – den einen mehr, den anderen weniger. Die Söder waren die Salzknechte, zuständig für den schwereren Teil der Salzgewinnung. Sie lebten nahe am Arbeitsplatz in Sooden.

Die Herrschaften, die sich mit dem Handel des Salzes beschäftigten, denen die Salzpfannen gehörten, die sogenannten Pfänner, wohnten auf dem anderen Ufer der Werra in Allendorf. Und dort bevorzugten sie als wohlhabende Leute die beste Wohnlage am Marktplatz.

Auf Planwagen transportierten Fuhrleute, die Sälzer, das kostbare Gut vor allem nach Südhessen, Thüringen, ins Fränkische, nach Straßburg, aber auch gen Norden. Werra- und weseraufwärts fuhren die Salzschiffe bis nach Bremen. Der Salzhandel entwickelte sich zu einem so wichtigen wirtschaftlichen Faktor, daß es immer wieder Auseinandersetzungen um den Besitz der Quellen und Handelsmonopole gab.

Eschwege: barocke Schnitzkunst am Raiffeisenhaus

△ Kleiner Mann mit großer Fahne beim Eschweger Johannisfest Anfang Juli

△ Ein neues Segelparadies ist der 70 Hektar große Werratalsee bei Eschwege

△ Eschweges gotische Neustädter Kirche besitzt eine steinerne Kanzel

Auch die Jugend macht mit beim Johannisfest ▽

Saline in modernster Technik

Im 16. Jahrhundert gehörte die Saline von Sooden zur technischen Avantgarde: 1579 wurde hier erstmals neben der Holzfeuerung Kohle als Brennstoff eingeführt, genauer die Braunkohle vom Meißner. Doch wie kommt man an das ›weiße Gold‹? Die Sole befindet sich in einer Tiefe von rund 330 Metern. Das salzhaltige Gestein ist von Wasseradern durchzogen. Dieses pumpt man an die Oberfläche, um es über Gradierwerke laufen zu lassen. Am besten haben sich bei diesen Anlagen Äste aus Schwarzdorn bewährt, die zwölf bis 15 Jahre halten. Die Sole tropft darüber, Wasser verdunstet und übrig bleibt eine konzentriertere Sole. Um daraus das Siedesalz zu gewinnen, wird dann weniger Brennstoff benötigt. Einst gab es 19 Gradierwerke, heute dient noch eines dem Kurbetrieb. Wie das Salzsieden in der Pfanne vor sich geht und anderes Brauchtum um das ›weiße Gold‹, ist alljährlich zu Pfingsten beim Brunnenfest zu sehen.

Aussichtsberg Hoher Meißner

Bis zur Wasserkuppe in der Hochrhön oder zum Vogelsberg sehen kann man bei klarer Sicht vom Hohen Meißner. Das Bergmassiv ist mit rund 930 Hektar nach dem Kühkopf, einem Altarm des Rheins, Hessens zweitgrößtes zusammenhängendes Naturschutzgebiet.

Besonders interessant ist der Hohe Meißner für Botaniker, denn dank der niedrigen Jahresdurchschnittstemperatur von 5°C (Werratal 9°C) haben sich hier Relikte der Eiszeit erhalten können, darunter Hochgebirgspflanzen wie die Arnika oder Trollblume, daneben Orchideen oder auch Wollgras. Von der Eiszeit blieb auch ein Karsee, wie er heute bei Alpengletschern anzutreffen ist. In den ausgedehnten Buchenwäldern an den Hängen lebt Rot-, Reh-, Schwarz- und Muffelwild.

Auf diesen hohen Berg verlegte man den Wohnsitz der Frau Holle. Besonders zuverlässig ist auch sie nicht mehr, denn die Einrichtungen für den Wintersport am Meißner, die zwei Schlepplifte und die Loipe auf dem Plateau, könnten meist etwas mehr Schnee gebrauchen.

△ Über dem Marktplatz von Sontra erhebt sich das Fachwerkrathaus

Wanfried: schmucker Fachwerkhof an der Schlagdstraße ▽

Ein Meisterwerk gotischer Schnitzkunst in der kleinen Dorfkirche von Ringgau-Lüderbach ist der Flügelaltar aus der Zeit um 1450 ▽

△ Ein augenfälliger Wegweiser in Wanfried

△ Wassernutzung früherer Tage: Mühlenmuseum Sontra

Herrensitz aus der Renaissance: Schloß Nesselröden bei Herleshausen ▽

Wanderer dagegen finden in dem gesamten Naturpark Meißner-Kaufunger Wald in der schneefreien Zeit ein großes Wegenetz.

Kunstgalerie Werratal-Radweg

Ein guter Ausgangspunkt für eine nicht alltägliche Radtour ist Eschwege. Hier wird nicht nur eine romantische Flußlandschaft geboten, sondern am Wegesrand auch noch Kunst. In einer einzigartigen Aktion des Handwerks, der Kreativwerkstatt der Volkshochschule Witzenhausen, des Fremdenverkehrsverbands Werra-Meißner-Land und der Ufergemeinden kam dieser ungewöhnliche Radweg zustande.

Hauptattraktion sind sicherlich die überdimensionalen Kirschen an dem Flußufer von Witzenhausen: ›Metamorphose‹ von Marita Westermann. Aber auch die anderen Kunstobjekte nehmen Bezug auf die Region und das Radfahren. Dem ›unbekannten Radfahrer‹ setzte Ruth Lahrmann ein Denkmal. Darüber hinaus bieten Schutzhütten mit exklusivem Design passende Rastgelegenheiten in der Freiluftgalerie ›Kunst am Werratal-Radweg‹.

Alter Werrahafen Wanfried

Kaum zu glauben, aber bei dem malerischen Fachwerkstädtchen Wanfried handelt es sich um einen ehemaligen Hafen von nationaler und sogar internationaler Bedeutung. Als Endpunkt der Schifffahrt auf der Werra wurden hier die Handelsgüter, die von Bremen und der Nordsee kamen, auf Wagen umgeladen und weiter nach Thüringen, wozu man bis 1306 gehörte, nach Sachsen und Bayern transportiert. Natürlich lief der Warenverkehr auch in die umgekehrte Richtung. Man pflegte Handelsbeziehungen bis nach Polen und Rußland.

Zentrum des Warenumschlags war die sogenannte Schlagd unterhalb der Brücke. Seinen Namen verdankt der Platz nicht dem Umschlagen der Handelsgüter, sondern namengebend war die Stelle, ›wo das Wasser ans Ufer schlägt‹ beziehungsweise ›von wo man ins Wasser kam‹. An den alten Werrahafen erinnert heute wieder ein schön restauriertes Stapelhaus aus dem 16./17. Jahrhundert.

Friedland
Gleichen
Naturpark
Hann. Münden
Kaufunger Wald
WITZENHAUSEN
HEILBAD HEILIGENSTADT
LEINEFELDE
Ohmgebirge
Naturpark
DINGELSTÄDT
BAD SOODEN-ALLENDORF
GROSSALMERODE
Meißner
HESS. LICHTENAU
ESCHWEGE
Meinhard
WANFRIED
Werratal
Schlierbachswald
WALDKAPPEL
Wehretal
TREFFURT
Ringgau
SONTRA
CREUZBURG
Stölzinger Gebirge
Cornberg
ROTENBURG a.d. Fulda
BEBRA
Nentershausen
Richelsdorf
Wildeck
Gerstungen
EISENACH
Deutsche Ferienroute Alpen-Ostsee
Deutsche Märchenstr.
Deutsche Alleenstraße
Grenzmuseum Schifflersgrund
Bismarckturm

Wo gibt es was?

Fähnchennummer = Textnummer ℹ = Auskunft

Witzenhausen ①

Hessens ›Kirschenstadt‹ (18 000 Einw.) ist Deutschlands kleinste Universitätsstadt.
Sehenswert: Der Fachbereich Internationale Landwirtschaft wurde von Kassel ausgelagert, und ihm verdankt die Stadt ein großes Gewächshaus für tropische Nutzpflanzen, Steinstr. 19 (mi, fr 14–16, so/fei Winter 15–16, Sommer 16–17 Uhr). Zahlreiche Fachwerkhäuser (16./17. Jh.) in der Ermschwerder Straße und am Markt (Rathaus 1819), aber auch eine Werrabrücke (1608) prägen das Bild der Kleinstadt.
Aktivitäten: Freizeit-, Sport- u. Kulturzentrum ›Am Sande‹ mit Frei- und Hallenbad; Trimmpfad; Joggingwege; Tennisanlage; Squash-Center; Kleingolf- und Reitsportanlagen; Wasserwandern auf der Werra; Werratal-Radwanderweg; Motor- und Segelflug.
Umgebung: *Burg Ludwigstein* (15./16. Jh.; 4 km südöstl.) dient Seminaren, Tagungen, (Familien-)Freizeiten. *Ziegenhagen* (8 km nordwestl.), Deutschlands kleinster Kneippkurort, hat einen Erlebnispark mit Auto- u. Motorradmuseum (tgl. März–Okt. 10–17, Mai–Aug. 9–18 Uhr), *Großalmerode* (14 km südl.) ein Glas- u. Keramikmuseum (mi u. do 14–16, so 14–17 Uhr), *Mollenfelde* (11 km nördl.) das Europäische Brotmuseum, Berlepscher Str. 27 (Sommer mo–sa 9.30–16.30, so/fei 9.30– 17.30 Uhr).
Veranstaltungen: Kesperkirmes (Juli); Erntedank- und Heimatfest (Aug.). Auf Burg Ludwigstein: Europäische Jugendwoche (Juli).
ℹ Tourist-Information, Ermschwerder Str. 2, 37213 Witzenhausen, Tel. 05542/60010.

Bad Sooden-Allendorf ②

Seit 1929 sind die alte Siedlung um die Saline und der Kurort mit der Gemeinde Allendorf vereint (10 000 Einw.).
Sehenswert: Das historische Zentrum des Doppelorts ist heute der Kurpark mit den Fachwerkhäusern der Weinreihe. Neben der ›Pfennigstube‹ (16./17. Jh.), einst Zoll- und Steueramt der Saline und zeitweiliger Tagungsort des Allendorfer Rats, steht das alte Salzamt (1782). Zentrum von Allendorf ist der Marktplatz mit Rathaus (Glockenspiel) und Fachwerkhäusern, einst beste Wohnlage für die Salzpfannen-Besitzer. Vor dem Steintor steht unter einer Linde der vielbesungene Brunnen vor dem Tore.
Museen: Salzmuseum im Söder Tor von 1705 (mi, so/fei 14–17, April–Okt. auch sa 14–17 Uhr). Weitere Gebäude der alten Saline sind ein Solebohrturm, der Solegraben mit Kunsthaus und ein Solebadehäuschen der Knappschaft von 1818. Deutsch-deutsche Nachkriegsgeschichte zeigt das Grenzmuseum (März–Okt. tgl. 10–17, Nov. bis Febr. mo–fr 10–16, sa/so 13–16 Uhr).
Aktivitäten: Freibad; Sole-Hallen-Bewegungsbad mit Welenbad; Tennisanlage mit Halle; Go-Kart- und Rollschuhbahn; Kutsch- u. Planwagenfahrten; geführte Fuß- u. Radwanderungen; Radverleih; 200 km markierte Wanderwege; Reithalle; Eisbahn.
Markt u. Veranstaltungen: Konzerte (regelmäßig); Märchenwoche (Ostern); Brunnenfest (Pfingsten); Weinfest (Juni); Erntedank-/Heimatfest (Aug.); Weihnachtsmarkt.
Umgebung: *Kammerbach* (4 km westl.) hat Hessens größte Höhle. *Wahlhausens* (2 km nördl.) Barockkirche beeindruckt mit einer doppelten Empore.
ℹ Gäste-Informationsdienst, Landgraf-Philipp-Platz 1–2, 37242 Bad Sooden-Allendorf, Tel. 05652/958718.

Hessisch Lichtenau ③

Zu dem Städtchen am Fuß des Hohen Meißners gehören 12 Ortsteile (14 000 Einw.).
Sehenswert: Der geschlossene Fachwerkkern der Innestadt umfaßt 130 Gebäude. Ein Kleinod ist das alte Fachwerk-Rathaus (1656), dessen Portal in Holz die Steinbauweise der Renaissance nachahmt.
Aktivitäten: Hallenbad; Squash-Center; Segel- und Motofliegen; geführte Mountainbike-Touren; Wandern.
Märkte u. Veranstaltung: Altstadtfest (Juni); Altstadtmarkt (Sept.); Nußknacker-Weihnachtsmarkt (Dez.).
Umgebung: *Reichenbach* (9 km südwestl.), die älteste Niederlassung des Deutschen Ordens in Deutschland (1207 bis 1809), lockt mit Bergfried, Klosterkirche (12. Jh.) samt Ausgrabungen der Vorgängerkirchen u. den ›Großen Steinen‹, Nordhessens größtem Dolomitfelsen.
ℹ Kultur- und Verkehrsamt, Landgrafenstr. 52, 37235 Hessisch Lichtenau, Tel. 05602/807147.

Meißner ④

Die Gemeinde umfaßt die Ortsteile Abterode, Alberode u. andere Fachwerkdörfer.
Sehenswert in *Germerode* sind die romanische Kirche (12. Jh., Emporen 1606, Orgel 1700) und die Alte Vogtei (17./18. Jh.) des einstigen Prämonstratenserinnen-Klosters. *Abterode* hat eine gotische Kirchenruine und den Dolomitfelsen ›Todstein‹. Auf dem *Hohen Meißner* liegt Deutschlands ältestes Braunkohlenbergwerk (16. Jh.), im idyllischen Höllental der Einstieg zur Kupferschiefer- und Schwerspat-Grube Gustav; heute Besucherbergwerk (15. März–Okt. di–fr 14–17, sa/so/fei 13–17 Uhr).
Aktivitäten: Wild- und Erholungspark mit Waldmuseum in Germerode (April–Okt. tgl. 10–18 Uhr, Winter nur sa/so). Waldlehrpfad am Frau-Holle-Teich; Vogellehrpfad in *Alberode*. Auf dem Hohen Meißner, Planwagenfahrten, Wanderwege, winters 2 Schlepplifte und Loipe auf dem Plateau.
ℹ Heimat- und Verkehrsverein, Neuer Weg 3, 37290 Meißner-Germerode, Tel. 05657/462.

Eschwege ⑤

Die Kreisstadt des Werra-Meißner-Kreises (24 000 Einw.). wurde vor über 1000 Jahren erstmals urkundlich genannt. Im Werratal erhielt die Region eine Seenplatte, die sich noch weiter ausdehnen wird.
Sehenswert ist die malerische Fachwerk-Altstadt: Marktplatz mit Rathaus (1660), Raiffeisenhaus (17. Jh.). An die frühere Zweiteilung erinnern die Altstädter Kirche (15. Jh.; ungewöhnlich harmonische Gotik-Barock/Rokoko-Ausstattung) und die Neustädter Kirche (einheitlich 15./16. Jh.). Das Schloß, jetzt Landratsamt, ging aus einer Burg (14. Jh.) der Landgrafen von Thüringen hervor (Umbauten 16./17. Jh.).
Heimatmuseum mit vielen Exponaten zur Stadtgeschichte, Vor dem Berge 14a (Mai bis Sept. mi 15–17, so 10.30–12.30 Uhr).
Aktivitäten: Schwimmzentrum; Tennis- u. Squashplätze; Wandern; Werratal-Radweg; Planwagentouren; Segelfliegen; Werratalsee zum Surfen u. Segeln; Freizeitzentrum mit Badesee, Tretboot- u. Surfsee; Angeln.
Veranstaltungen: Hessische Rudermeisterschaften (Mai); Jugend- und Kulturfestival ›Open Flair‹ (Juni); Johannisfest mit Festzug (Anf. Juli); Kulturbund Eschwege (Sept.–Mai); Puppen-Festtage (Anf. Nov.).
Umgebung: *Meinhard* (nördl.) mit seiner abwechslungsreichen Landschaft trägt den Beinamen ›Hessische Schweiz‹. *Wanfried* (10 km östl.) zeigt an der Marktstraße viel Fachwerk. Zum Heimatmuseum im Keudellschen Schloß, Marktstr. 2, gehört ein Dokumentationszentrum zur deutschen Nachkriegsgeschichte (do 14–17, sa/so 9.30–11.30 Uhr).
ℹ Tourist-Information, Hospitalplatz 16, 37269 Eschwege, Tel. 05651/304210.

Sontra ⑥

Zu dem Luftkurort gehören heute 15 Ortsteile (zusammen 10 000 Einw.).
Sehenswert sind das Rathaus (1668–76), und die evang. Stadtkirche (15. Jh.).
Museen: Steinmühle (14./18. Jh.) mit Mühlenmuseum und Backhaus (März–Sept. sa 14–17 Uhr). Museum ›Bergbau in Sontra‹, Marktplatz (n. V.); Museum im alten Boyneburger Schloß (Mai–Sept. so 14–16 Uhr) in *Wichmannshausen* (3 km nördl.).
Aktivitäten: Freizeit- und Erlebnisbad; Wassertretanlage; Tennis; Reiten; Minigolf; Segelflugplatz; Angeln; Wander- und Radwege; Wald- und Vogellehrpfad.
Veranstaltungen: Maibaumfest; Heimat- und Schützenfest (Juni); Gartenfest (Aug.). In Wichmannshausen: Volksfest auf der Ruine Boyneburg (Himmelfahrt).
Umgebung: In der Kirche von *Ringgau-Lüderbach* (19 km östl.) lohnt der gotische Flügelaltar. Kulturgeschichte ist das Gestüt *Herleshausen-Altefeld* (20 km östl.).
ℹ Tourist-Information, Marktplatz 7, 36205 Sontra, Tel. 05653/977717.

Maßstab 1:200.000 — 0 2 4 6 8 10 km

Traditionspflege der besonderen Art: In der ehemaligen Künstlerkolonie Willingshausen suchen heute Kreativurlauber nach Motiven.

Zum Malen schön – Kurhessisches Bergland

Schon die einstigen Landesfürsten zog es ins Kurhessische Bergland – zur Jagd und aufs passende Schlößchen. Gleich in Scharen kamen die Künstler nach Willingshausen. Fasziniert von den Schwalmtalern und ihrer Tracht, machten sie den Ort zu Deutschlands erster Malerkolonie. Nicht minder malerisch sind auch die Fachwerkstädte Fritzlar und Melsungen. Moderne Töne in die mittelalterliche Idylle mischen sich in Homberg beim sommerlichen Burgfestival.

△ Fritzlar: Marktplatz mit Rolandsbrunnen

Am Böddiger Berg bei Felsberg wächst in Hessen Wein ▽

Aus der Spätromanik stammt der Abendmahlskelch des Fritzlarer Domschatzes ▽

△ Das ehemalige Jagdschloß der Landgrafen in Wabern

Historische Feste schätzt man auch in Fritzlar ▽

Die Vielfalt der Landschaft des Kurhessischen Berglands schätzten schon die Landgrafen. Attraktion in der breiten Aue der Schwalm war einst eine große Reiherkolonie. Der Eichenwald, dessen zum großen Teil sumpfiger Boden noch von Tümpeln durchsetzt war, bot den Vögeln gute Lebensbedingungen, und ab 1679 kümmerte sich sogar ein Reiherwärter um die Pflege der Vogelkolonie.

Reiherjagd in Wabern

Doch alljährlich im Frühling und Frühsommer war es mit der Idylle vorbei, wenn der Landgraf zur Reiherbeiz blasen ließ. Ungewöhnlich war, daß das gejagte Tier anschließend nicht im Topf landete. Denn man betrieb die Reiherjagd nur als Sport. Kein Schuß fiel dabei. Mit Falken, die in der Regel via Dänemark aus Island kamen, wurde gejagt. Ein geschlagener Reiher mußte nicht sein Leben, sondern nur ein paar Federn lassen. Man zupfte einige feine vom Hals als Trophäe heraus, versah das erbeutete Tier mit einem Ring und ließ es wieder fliegen. Jagdberichte nennen Vögel, die bis zu fünf Ringe besaßen.

Daß das exotische Jagdvergnügen sogar Feinde wieder vereinte, beweist eines der 1764 entstandenen Wandgemälde von Johann Heinrich Tischbein aus dem Festsaal von Schloß Wabern, das heute auf Schloß Fasanerie in Adolfseck bei Fulda hängt. Es zeigt Hessens Landgrafen Friedrich II. und seinen Gast, den Fürsten zu Waldeck und Pyrmont, einträchtig bei der Jagd. Im Siebenjährigen Krieg (1756–1763) standen sich die Herren noch feindlich gegenüber.

Fritzlar: Dom ohne Bischof

Mit einer Axt begann die Geschichte des St.-Petri-Doms in Fritzlar: 723 fällte der heilige Bonifatius die Donareiche an einer heiligen Quelle im heutigen Fritzlarer Ortsteil Geismar und baute aus ihrem – und natürlich noch anderem – Holz eine Kapelle zu Ehren des heiligen Petrus. Keine zehn Jahre später wurde die Holzkapelle durch einen Steinbau ersetzt. Gleichzeitig gründete Bonifatius das Kloster.

Um 1200 ließ der Mainzer Erzbischof, der auch Landesherr von

△ Melsungen: Malerisch ist die Altstadt mit ihren Fachwerkfassaden ... ... und auch das Ufer der Fulda ▽

Melsunger Rathaus: Figur im Stil des 17. Jahrhunderts ▽

△ Blick über die Dächer von Spangenberg

Mit seinen Ecktürmchen besonders repräsentativ ist das Melsunger Rathaus ▽

Fritzlar war, St. Peter bauen. Amtssitz eines Bischofs sollte die Kirche jedoch nie werden. Die Bezeichnung ›Dom‹ verdankt das Gotteshaus seinem imposanten Bau. Vor die Doppelturmfassade setzte man um das Jahr 1240 ein sogenanntes Paradies, eine Vorhalle, in der sich die Formen der späten Romanik mit denen der frühen Gotik mischen.

Kostbarer Domschatz

Noch ganz dem Stil der Romanik verpflichtet ist die Krypta unter dem Hochchor: Sie war Aufbewahrungsort von Reliquien, bevor man die kostbaren Schreine erfand, die dann oben in den Chor gestellt wurden – die Gläubigen wollten die Objekte ihrer Verehrung sehen.
Heute zieht es wieder mehr Besucher in die düsteren Gewölbe, denn hier wurde nicht nur das Grabdenkmal des heiligen Wigberts aufgestellt, des ersten Abts von Fritzlar, sondern auch die Grabsteine und Sarkophage aus der Domschatzkammer. Diese gehört übrigens mit ihrer außerordentlichen Fülle hervorragender Werke zu den bedeutendsten Sammlungen kirchlicher Kunst in Hessen.

Melsungens Bartenwetzer

Symbolfigur der vielleicht schönsten Fachwerkstadt im Kurhessischen Bergland ist der Bartenwetzer. Zweimal am Tag, um 12 und um 18 Uhr, erscheint er im Dachreiter des Melsunger Rathauses. Näher kommt man ihm auf der Bartenwetzerbrücke, die seit 1595/96 die Fulda überspannt.
Generationen von Bürgern, die zum Holzschlagen in den Stadtwald auf die andere Seite der Fulda mußten, hinterließen daran bis heute sichtbare Spuren. Wenn sie den Fluß überquerten, nutzten sie die Sandsteinquader der Brücke, um daran ihre Beile und Äxte noch einmal ›wetzen‹ zu lassen. Im Jahr 1990 stellte man die zwei bronzenen Bartenwetzer auf der Brücke auf.

Burgbergfestival Homberg

Am Ende der 1970er Jahre saßen einige junge Leute zusammen und träumten von einem Open-air-Festival auf ›ihrer‹ Burg. 1981 wagten der Stadtjugendring e. V. und Homberg einen Anfang, aus dem

△ In der Homberger Marienkirche wurde 1526 die Reformation in Hessen eingeführt

△ Bei guten Winden ist das Kurhessische Bergland ein Paradies für Segelflieger

Kloster Haydau in Morschen wurde 1619 zum landgräflichen Jagdschloß ▽

△ Treffpunkt der Jugend: Hombergs Musikfestival auf dem Schloßberg

Auf Tuchfühlung mit Hirsch und Reh im Wildpark Knüll ▽

sich *der* Rockevent in Nordhessen entwickelte. Jedes Jahr im Juli ziehen Tausende Besucher aus Hessen, Thüringen und Niedersachsen den steilen Burgberg hinauf, um internationale Rockgrößen und regionale Newcomer auf zwei Bühnen zu hören und zu erleben. Die Liste der Musiker, die zu Gast auf der Burg waren, ist mittlerweile lang: Jon Lord, Roger Chapman, Steve Harley, Pete York, Chris Farlowe, Micky Moody & Bernie Madsen, Purple Schulz, Inner Circle und Kevin Coyne gehören dazu.

Tierfreiheit im Wildpark Knüll

Der rund 50 Hektar große Wildpark Knüll verdankt keinem Landgrafen, sondern einem jagd- und naturbegeisterten Landrat des 20. Jahrhunderts seine Existenz. Hirsche, Rehe und anderes Wild laufen auf dem Gelände frei herum, und so kann man schon einmal einem eindrucksvollen 24- oder 28-Ender samt Gefolge Auge in Auge gegenüberstehen. Gefährlich ist das in der Regel nicht, doch während der Brunftzeit sollte man sich besser etwas zurückhalten.
Von der Freiheit innerhalb der Wildparkgrenzen profitieren auch die Tierfotografen. Für Profis ist der Wildpark Knüll längst kein Geheimtip mehr. Aber auch der Laie hat hier die Chance, unter fachkundiger Anleitung das rechte Bild von Dam-, Rot- und Sikawild, von Mufflons und Wildpferden zu schießen.

Erlebnisse in ungestörter Natur

Mehr fürs Ohr als fürs Auge und die Fotolinse ist dagegen die ›Vogeluhr‹. Sie zeigt an, daß es in dem morgendlichen Gezwitscher durchaus eine Ordnung gibt. Die Nachtigall beginnt als erste, der Buchfink macht sich als letzter, aber dafür mit beachtlicher Stimmkraft bemerkbar.
Wie sich der Wald regeneriert, wenn man ihn vor dem Menschen, aber auch vor dem äsenden Wild schützt, läßt sich gut in einem abgezäunten Stück ›Urwald‹ beobachten. Gräser und Blumen können sich in aller Vielfalt entwickeln, Vögel und vor allem Schmetterlinge siedeln sich bald an – die Natur ›explodiert‹, wo man sie in Ruhe läßt.

△ Von den neuen Seen der Borkener Seenplatte wurde der Singliser See den Surfern reserviert

△ Bad Zwesten: Rast auf dem Rathausplatz

Schrecksbach: Das Dorfmuseum Holzburg gibt Einblick in das Landleben von einst ▽

△ Von Jesbergs aussichtsreicher Burgruine überblickt man die ganze Ortschaft

Anglerglück an der Schwalm ▽

Vom Kloster zum Jagdschloß

Vor 300 Jahren war der Naturpark Knüll noch Jagdrevier. Zwischen 1616 und 1619 ließ Landgraf Moritz das 1527 aufgehobene Zisterzienserinnen-Kloster Haydau in Morschen, das rund ein Jahrhundert lang als Rittergut genutzt worden war, zu einem ›vesten Hauß‹ und Lustschloß umbauen. Bereits 1608 hatte man große Wirtschaftsgebäude und das Burggrafenhaus errichtet. Von der alten Klosteranlage mauerte man den Kreuzgang zu, setzte ein Fachwerkgeschoß darauf und stützte das Ganze mit Wandpfeilern ab.

Für die heutige Denkmalpflege, die im Kloster/Jagdschloß eine Mustersanierung für Hessen durchführt, ist der ungewöhnliche Hof eine Herausforderung: Mit Glasfiberstäben hilft man nach, wo die Baumeister der Renaissance ›nicht für die Ewigkeit‹ geplant hatten. Leichter wird es nach Ende der Restaurierungsarbeiten den Gärtnern fallen, im Klosterinneren wieder ein Lustgärtlein anzulegen. Beim Umbau Anfang des 17. Jahrhunderts hatte der Landgraf auch einen Park auf ehemaligem Klostergelände anlegen lassen.

Nach 1685 ließ Landgraf Karl die Anlage barock verändern: Ein Herrenhaus, jetzt Rathaus, und die Orangerie wurden gebaut, der Klosterpark erhielt sein heutiges Aussehen, und die mittlerweile rund 400 Jahre alte Pyramideneiche wurde gepflanzt.

Malerkolonie Willingshausen

1814 kam der Balte Gerhard von Reutern erstmals ins Schwalmtal zu Verwandten, um sich von Kriegsverletzungen zu kurieren. Dabei zog es ihn immer mal zum Zeichnen und Aquarellieren – das hatte er gelernt – ins Freie. Auch nach seiner Heilung kam er immer wieder, so 1825 zusammen mit Ludwig Emil Grimm, dem malenden Bruder der berühmten Märchenerzähler.

Aus diesen Anfängen entwickelte sich Deutschlands älteste Malerkolonie. Treffpunkt der Szene war das Malerstübchen im Gasthaus. Es wurde zur Außenstelle der Kunstakademien von Düsseldorf und Dresden. Land und Leute des Schwalmtals waren die begehrten Motive von Carl Bantzer, Adolf Lins, Ludwig Knaus, Jakob Diehlmann und vielen

△ Die vielen Röcke der Schwälmer Tracht sind eine Prestigefrage

△ Die Ruine der romanischen Totenkirche in Schwalmstadt-Treysa

△ Bierkutschenpferde in Festtagsgeschirr auf Neustadts Trinitatiskirmes

Das Steinerne Haus in Ziegenhain birgt das Museum der Schwalm ▽

△ Auf der Salatkirmes von Schwalmstadt-Ziegenhain: Aufmarsch der Soldaten des Landgrafen und Kinder in der Schwälmer Tracht ▽

anderen der rund 300 Maler, die der Ort anzog. Heute sind hier Hobbymaler gern gesehene Gäste.

Gut betucht: die Schwalmtaler

Obwohl nach dem heutigen Schlankheitsideal ein Dutzend Röcke die Figur verunstaltet, nimmt frau es an der Schwalm an Festtagen noch ernst mit der Kleidung ihrer Vorfahren. Die Schwälmer Tracht hatte eine höchst komplizierte Kleiderordnung. Die Anzahl der Röcke zeigte, wie begütert man war. So konnten zwölf bis vierzehn Röcke zur Brauttracht gehören.
Kein Wunder, wenn zarte Gestalten unter dieser Last während der Feier schon einmal zusammenbrachen. Denn gerade bei Hochzeiten präsentierte man alles, was man aufbieten konnte. Für die Hochzeitsgäste gab es wieder eine spezielle Tracht, die sich von der sonstigen Festtagskleidung unterschied. Als wenig nützliches Teil, mit dessen aufwendiger Stickerei man jedoch angeben konnte, hielt man dabei ein dunkelblaues Paradetuch in der Hand.
Nicht minder genau wurde auch die Frage des Alters genommen: Rot durften nur Mädchen tragen. Mit der Heirat wurde Grün zur Pflicht bei der Kappe oder dem Betzel und den Strumpfbändern. ›Ältere‹ Frauen ab 40 trugen Violett. Mit 50 war Schwarzweiß angesagt, für das hohe Alter und die Trauer schwarze Kleidung vorgeschrieben.

Gut bewacht: Neustadt

An einem Quellfluß der Schwalm, der Wiera, besitzt Neustadt einen rekordverdächtigen Bau: den Junker-Hansen-Turm. Er gilt als Deutschlands größter Fachwerk-Rundturm. Die städtische Werbung bezeichnet ihn sogar als den größten der Welt. Von 1481 bis 1483 wurden die beiden hölzernen Stockwerke und der spitze Turm mit seinen vier Ecktürmchen errichtet.
So malerisch das Gebäude auch aussieht, der Turm war als Teil der Burgbefestigung geplant und recht wehrhaft. In der über vier Meter dicken Wand des mächtigen steinernen Unterbaus ist sogar Platz für die Wendeltreppe. Als Architekt ist der Festungsbaumeister Hans Jakob von Ettlingen überliefert.

Kontraste: The Rocky Horror Show in der Ruine der Stiftskirche von Bad Hersfeld.

Waldhessen: Bergbau, Burgen, Bühnenspiel

In der waldreichsten Region Nordhessens konkurrieren Bad Hersfeld mit seinen berühmten Festspielen und Rotenburg an der Fulda, das mit Waldhessens schönstem alten Stadtbild aufwarten kann, um die Besuchergunst. Wieder zum Leben erweckt wird das Mittelalter beim Ritterfest auf Burg Herzberg. Auf Spuren einstigen Eisenerzabbaus stößt man beim Waldspaziergang am Eisenberg. Einblick in die heutige Kaligewinnung bekommt man in Heringen und beim Abstecher ins nahe thüringische Revier.

△ Rotenburg an der Fulda: Solide Steinfundamente schützen die Fachwerkhäuser vor Hochwasser, ... Parade der Honoratioren beim Heimat- und Strandfest ▽

△ Ein Blick in das Sandsteinmuseum des Klosters Cornberg

△ ... Altstadtidylle mit Teddybär und Stiftskirche

Rotenburg: besinnliche Bootspartie auf der Fulda, ... ▽

Seinen Namen Waldhessen trägt das Ferienland Hersfeld-Rotenburg als Nordhessens waldreichste Region völlig zu Recht. Ruhe und Beschaulichkeit in wenig strapazierter Natur bieten Knüllgebirge, Stölzinger und Richelsdorfer Gebirge sowie die Kuppenrhön. Städtisches Treiben mit einem vollen Festspiel- und Festkalender offerieren dagegen die beiden größten Orte Bad Hersfeld und Rotenburg.

Feiern an der Fulda

Alljährlich geht es Anfang Juli hoch her in Rotenburg, wenn sich die ganze Stadt und alle Vereine auf ihr Heimat- und Strandfest vorbereiten, das eine Woche lang gefeiert wird. Zur ›Guten Stube‹ und zum beliebten Treffpunkt wird das Festzelt, wo Musik für jedermanns Geschmack ertönt und eifrig das Tanzbein geschwungen wird – zu Oldies oder aktuellen Hits.

Auf den Straßen und Plätzen ist ein buntes Bühnenprogramm mit Kleinkunst, Musik, Kindermitmachtheater sowie Markttreiben angesagt: Vom Riesenkinderflohmarkt bis zum Antiquitätenmarkt und verkaufsoffenen Sonntag reicht das Angebot.

Ein Höhepunkt ist der Sonntagnachmittag mit dem großen historischen Festzug, der alles, was Beine hat, mobilisiert. Abends steht die ›Fulda in Flammen‹. Bootskorso, Wasserspiele und ein großes Feuerwerk geben zwar dem Tag, aber noch nicht dem Fest einen fulminanten Abschluß. Denn am Montag steht noch der besondere Familientag ins Haus. Da wird um zwei Schulranzen um die Wette gelaufen, und ein eigenes Strandfest für die Kleinen, ab Kindergartenalter, veranstaltet.

Die Rotenburger Quart

Ein Blick in die Geschichte zeigt, daß Landgräfinnen in Rotenburg an der Fulda ein besonderes Kapitel geschrieben haben. Juliane von Nassau, die zweite Frau des Landgrafen Moritz, war eine von ihnen. Sie verstand es besonders gut, mit Geld umzugehen, also vernünftig zu wirtschaften. Da es aus erster Ehe ihres Gatten bereits einen Erben gab, sah es für ihre Altersversorgung und die ihrer gemeinsamen vierzehn Kinder schlecht aus.

△ Der weiße Höhenzug über dem Werratal bei Heringen ist kein sommerlicher Schneeberg, sondern der ›Monte Kali‹

△ Ausbachs Dorfkirche mit Tonnengewölbe, Kanzelaltar und Empore

Hohenroda: Outdoor-Training für Manager ▽

△ Schöner Herrensitz aus dem 16. Jahrhundert: Mansbachs Schloß Geyso

Philippsthal: Aus dem Kloster Kreuzberg wurde ein Schloß und der Stammsitz der Landgrafen von Hessen-Philippsthal ▽

Doch Juliane konnte durchsetzen, daß ein Viertel, Quart, der Landgrafschaft Hessen ihr und ihren Kindern für den Lebensunterhalt blieb. Damit war ein ›Zwergstaat‹, allerdings unter Kasseler Oberhoheit, geschaffen worden: die Rotenburger Quart existierte von 1627 über 200 Jahre.
1834 sah man in Kassel endlich den Augenblick gekommen, den Sonderstatus der Quart aufheben und das Land um Rotenburg wieder ›eingemeinden‹ zu können: Denn Landgraf Viktor Amadeus war ohne Erben gestorben. Da ließ die Witwe die Nachricht nach Kassel bringen, daß sie Mutterfreuden entgegensähe.
Die Kasseler hatten Zweifel und wollten kurz vor ihrem Ziel nicht so einfach aufgeben. Man vermutete eine Kindsunterschiebung und ordnete der Landgräfin Hausarrest im Rotenburger Schloß an. Zur Sicherheit wurden gleich noch Offiziere und Leibgardisten geschickt, die das Schloß rund um die Uhr an allen Türen bewachten. Und so stellte sich heraus, was die Kasseler geahnt hatten: Es gab keine Schwangerschaft und keinen Nachfolger. Die Landgräfin mußte ihre Koffer packen. Mit ihrem Gefolge zog sie 1834 zurück in ihre Heimat nach Schlesien.

Osthessischer Bauernbarock

Im 17. Jahrhundert wollten die Protestanten von der Schlichtheit, die man ihren Kirchen verordnet hatte, nicht mehr viel wissen. Hatte die Reformation noch einen Bildersturm in den katholischen Kirchen ausgelöst, so strebte man beim Wiederaufbau nach den Zerstörungen des Dreißigjährigen Krieges andere Ideale an.
Viel Platz für aufgemalte Ornamente bieten die zweistöckigen Emporen, die oftmals auf drei Seiten den Kirchenraum umziehen. Die Bibelsprüche und Bilder auf ihren Brüstungen zeigen dem protestantischen Gläubigen die wichtigsten Themen. Aber auch Schnitzereien, wie zum Beispiel an den Säulen und Kapitellen oder Kanzeln, beweisen das Schmuckbedürfnis der osthessischen Bauern zur Zeit des Barock. Protestantisch zurückhaltend war man nur bei der Farbwahl: Blattgold

Neuenstein-Raboldshausen: Grab derer von Waldenstein ▽

△ Beim alljährlichen Ritterfest auf Burg Herzberg wird das Mittelalter wieder lebendig

Die Wasserburg Friedewald errichteten die hessischen Landgrafen im 15. Jahrhundert ▽

kommt nicht vor. Besonders lohnend ist der Besuch der Dorfkirchen von Hohenroda, Nentershausen, Mansbach, Ausbach oder Richelsdorf.

Auf Spurensuche im Wald

Zum Ausflug in die Geschichte kann ein Waldspaziergang am Eisenberg werden. Mit Hügelgräbern aus der Bronzezeit (etwa 1600–1200 v. Chr.) beginnt die Runde. Nächste Station ist ein Meilerplatz aus dem 17./18. Jahrhundert. Bis ins 20. Jahrhundert hinein wurden solche oval in den Hang geebneten Flächen für die Holzkohlenmeiler genutzt. Holzkohle brauchte man nicht nur für die Eisen und Kupfererzverhüttung, für Schmiedefeuer und andere gewerbliche Zwecke, auch der Hausfrau diente sie, um ihr Kohlebügeleisen in Gang zu setzen. Rund einen Kilometer weiter stößt man am Eisenteich auf zahlreiche Spuren des Bergbaus: auf Pingen, ehemalige Schürflöcher, sowie historische Halden. Im späten Mittelalter ließ hier die Reichsabtei Hersfeld Eisenerz abbauen. Um 1530 wurde dieser Bergbau eingestellt.
Ab 1595 lebte der Bergbau für rund ein weiteres Jahrhundert wieder auf. Die Alaunerde unter dem Basalt wurde per Hand von Haspelknechten ans Tageslicht gefördert und sogleich weiterbearbeitet, um das Alaunsalz zu gewinnen, das für die Gerberei, Färberei und Papierherstellung benötigt wurde.

Burg Herzberg: Mittelalter live

Auf eine Reise in die Vergangenheit nimmt auch der Hessische Ritterbund die Besucher mit, wenn sich am ersten Septemberwochenende auf Burg Herzberg Ritter, Knappen, Edelfrauen, Burgfräulein und Bauern zu mittelalterlichem Markt- und Turniertreiben treffen. Da tragen Ritter mannhaft ihre in aufwendiger Handarbeit gefertigte kiloschwere Rüstung: ein Kettenhemd aus 30 000 Stahlringen, eine Kettenhaube, Helm mit Zier.
Zum Turnier werden sogar die Streitrösser von Kopf bis Fuß in einen schützenden Umhang gesteckt, der die Farben des Ritters präsentiert. Burgfräulein gibt es für den Sieger allerdings nicht mehr zu gewinnen, die muß man sich selber mitbringen.

△ Mittelalter live beim Ritterturnier und Burgmarkt auf Burg Herzberg

Renaissancepracht: das Rathaus von Bad Hersfeld ▽

76
62
100
ROTENBURG a.d.Fulda
BEBRA
EISENACH
BAD HERSFELD
BAD SALZUNGEN
HERINGEN (WERRA)
Philippsthal (Werra)
VACHA
BERKA
Gerstungen
Friedewald
Niederaula
Eiterfeld
HÜNFELD
GEISA
STADTLENGSFELD
Burghaun
GREBENAU
Knüllwald
Ludwigsau
Seulingswald
Wildeck
Hohenroda
Schenklengsfeld
Hauneck
Haunetal
Neuenstein
Kirchheim
Breitenbach
Dermbach
Cornberg
Wartburg
NSG
Deutsche Märchenstr.
Deutsche Alleenstr.
Deutsche Fachwerkstr.
Werratalstr.

Wo gibt es was?

Fähnchennummer = Textnummer ℹ = Auskunft

Rotenburg an der Fulda ①

Das 750 Jahre alte Residenzstädtchen (15 100 Einw.) hat das schönste Stadtbild Waldhessens.
Sehenswert: Gepflegte Straßen und Gassen mit Fachwerkhäusern, u.a. Breitenstraße, Marktplatz, Wein- und Taubengasse, prägen die Altstadt am linken Fulda-Ufer. Malerisch ist die Häuserfront mit Schleuse und Wehr. Landgrafen-Schloß (17./18. Jh.) und Marstall beherbergen heute Landesschulen. Die spätgotische Altstadtkirche St. Jakobi birgt einen Alabaster-Altartisch (1585) aus der Schloßkapelle (1790 abgerissen). Während die Altstadt mit Wehrmauern und Türmen geschlossen wurde, blieb die 1340 gegründete Neustadt am rechten Fulda-Ufer ungeschützt. Erst 1607 wurden beide Orte vereint. Mittelpunkt der Neustadt ist die Stiftskirche (14./15. Jh.) mit der Landgrafengruft. Sehenswert sind hier Brotgasse, Kirchplatz und Steinweg.
Museen: Puppen- und Spielzeugmuseum, Bürgerstr. 1 (mi–sa 14–17, so/fei 11–17 Uhr). Heimatmuseum, Äußerer Schloßhof, mit prähistorischer Sammlung (Okt.–Mai mi, fr, so 14–17 Uhr, Juni–Sept. auch do).
Aktivitäten: Frei-, Hallen- u. Erlebnisbad; Tennis; Reiten; Minigolf; Rudern; Surfen; Floßfahrten; Boots- u. Radverleih; Waldlehr- u. Waldsportpfad; 250 km Wanderwege.
Märkte u. Veranstaltungen: Kuckucksmarkt (Mai–Okt. letztes Wochenende im Monat); Heimat- u. Strandfest (Juli); Wagenburgfest für Reisemobilisten (Aug.); Weihnachtsmarkt mit Riesen-Pyramide.
Umgebung: Kloster *Cornberg* (12 km östl.) hat ein Sandsteinmuseum (Mai–Sept so/fei 10–18, Okt.–April so/fei 11–17 Uhr). *Nentershausen* (20 km östl.) hat eine der typischen osthessischen Barockkirchen.
ℹ Verkehrsamt, Marktplatz 15, 36199 Rotenburg an der Fulda, Tel. 06623/5555.

Neuenstein ②

Die Gemeinde nennt sich ›Tor zum Knüll‹.
Sehenswert: Von Burg Neuenstein (1318 zerstört, 1357 wiederaufgebaut) steht noch der Bergfried. Der Wohnbau wurde im 17. Jh. umgestaltet.
Aktivitäten: Freizeitpark; Reiten; Tennis; winters Rodelhang, Loipen, Skilift, beleuchtete Skipiste; am westl. Eisenberg (636 m) Archäologischer Wanderweg.
Umgebung: Von-Wallenstein-Grabmale in der Kirche *Raboldshausen* (2 km westl.).
ℹ Gemeindeverwaltung, Freiherr-vom-Stein-Str. 5, 36286 Neuenstein, Tel. 06677/92100.

Bad Hersfeld ③

Die Stadt (31 000 Einw.) an der Fulda wurde 1949 Kur-, 1963 hessisches Staatsbad.
Geschichte: Im 8. Jh. gründete Lullus, der spätere Mainzer Erzbischof, ein Benediktinerkloster. 775 zur Reichsabtei erhoben, war es wichtiger Stützpunkt königlicher Macht am Ostrand des Karolingerreichs sowie der Missionierung und ›Eingemeindung‹ der Sachsen und Thüringer.
Sehenswert ist die Klosterkirche (12. Jh.), die größte romanische Kirchenruine der Welt und Freilichtbühne. An den ummauerten Klosterbereich mit dem freistehenden Katharinenturm (11. Jh.; älteste Glocke Deutschlands) und dem rekonstruierten Kapitelsaal (siehe Museum) schließt sich die Altstadt an. Die gotische Stadtkirche (14. Jh., Reste mittelalterlicher Malereien, im Turm des 16. Jh. Türmerwohnung), steht in einem schönen Fachwerkviertel, u.a. Kirchnerhaus (1452), Dekanatsgebäude (1714) und Rathaus (1607–12). Schöne Häuserzeilen haben auch Linggplatz und die Fußgängerzone mit Wein- und Klausstraße (Klausturm und Reste der mittelalterlichen Stadtmauer). Am Marktplatz stehen zwei steinerne Patrizierhäuser der Gotik mit Renaissance-Giebeln. Am Rand der Fuldaaue dehnt sich das Kurviertel mit Kurpark, Kur- und Stadthalle aus.
Städtisches Museum im Kapitelsaal, Im Stift 6a (di–so 10–12 u. 15–17 Uhr).
Aktivitäten: Badesee; Freibad; Erlebnisbad; Tennis; Squash; Badminton; Reiten; Ballonfahren; Radverleih; Fitneßzentrum; Golf; Waldlehrpfad; 200 km Wanderwege.
Umgebung: Von Hessens größter *Höhenburg Herzberg* in Breitenbach (24 km südwestl.) haben sich Ringmauern, Türme, die Burgkapelle und einige Wirtschaftsgebäude erhalten; die Hauptburg ist leider Ruine. *Almershausen* (2 km nordwestl.) hat die kleinste Fachwerkkirche Waldhessens.
Markt u. Veranstaltungen: Bach-Tage (Ostern); Festspiele (Juni–Aug.); Oper in der Stiftsruine (Aug.); Lullusfest (Mitte Okt.); Weihnachtsmarkt (Dez.). Auf Burg Herzberg in Breitenbach: Hippie-Festival (Juli); Mittelalterliches Ritterfest (Sept.).
ℹ Touristik-Information, Am Markt 1, 36251 Bad Hersfeld, Tel. 06621/201274.

Heringen ④

Die Stadt an der Werra trägt den Namen einer Adelsfamilie, die vom späten 12. Jh. bis 1432 hier lebte, dann ihren Besitz an die hessischen Landgrafen verkaufte. Ende des 19. Jh. machte der Kalibergbau das Dorf zum Industrieort.
Museum: ›Monte Kali‹, Führungen März bis Okt. n. V. mit dem Werra-Kalibergbau-Museum, Dickesstr. 1 (März–Sept. di–so 14–18, Okt.–Febr. di–so 14–17 Uhr).
Aktivitäten: Frei- u. Hallenbad; Tennishalle; Reiten; Minigolf; Bootsverleih; Angeln; Wanderwege; Naturschutzgebiet Rohrlache in der Werraaue.
Veranstaltungen: Stadtfest (Juni alle 2 Jahre); Heringer Kunstwoche (Sommer); Heringer Kultur-Winter.
Umgebung: Naturschutzgebiet Rhäden bei *Obersuhl* (11 km nördl., Informationszentrum, Sommer so 10–12 Uhr).
ℹ Tourist-Information Waldhessisches Werratal, Dickesstr. 1, 36266 Heringen, Tel. 06624/919413.

Philippsthal ⑤

Der Ort an der Werra war im 17./18. Jh. Residenz der hessischen Landgrafen.
Sehenswert: Das im 12. Jh. vom Abt von Hersfeld gegründete Benediktinerinnenkloster Kreuzberg, 1525 zerstört und aufgehoben, erhielt 1593 der hessische Landgraf. Philipp, gleichzeitig Begründer der Landgrafenlinie Hessen-Philippsthal, ließ es zum Schloß ausbauen (1690–1734). Die romanische Klosterkirche wurde um 1733 barock verändert. Die Werrabrücke (1342) ist wieder Fußgängerübergang nach Thüringen. An die alte DDR-Grenze erinnern ein Wachturm und ein Stück Mauer (1974).
Museum: Der Torbau (Ende 17. Jh.) des Schlosses birgt ein Grenzmuseum (n.V.).
Aktivitäten: Freibad; Fitneßzentrum; Minigolf; Tennishalle; Drachenfliegen; Wandern.
Umgebung: In *Friedewald* (12 km nordwestl.) bauten die hessischen Landgrafen eine Wasserburg (Ende 15. Jh.), die schon auf Feuerwaffenangriffe eingestellt war. Später Jagdschloß, ist die Hauptburg seit 1762 Ruine. In einem der Wirtschaftsgebäude befindet sich heute ein Heimatmuseum (n.V.). Kalibergbau zum Anfassen bietet das Erlebnis-Bergwerk *Merkers* (9 km östl.) in Thüringen. Hauptattraktion ist die Kristallgrotte mit Salzkristallen von bis zu 1,5 m Kantenlänge (Führungen di–so 9.15 u. 13.15 Uhr, Tel. 03695/614101).
ℹ Gemeindeverwaltung, Schloß 1, 36269 Philippsthal, Tel. 06620/92100.

Hohenroda ⑥

Unter dem Namen eines alten Gutshofs in Oberbreitzbach haben sich sechs Dörfer nahe der Grenze zu Thüringen vereint.
Sehenswert: *Mansbach* war einst Sitz der Herren von Mansbach. 1652 verkauften sie die Hälfte ihrer Besitzungen an das Adelsgeschlecht von Geyso. Nahe der Alten Burg, einem Herrenhaus im Stil der Renaissance, bauten sie das Schloß (1578) und das Kavaliershaus (um 1820). Die barocke Pfarrkirche hat einen frühgotischen Chor. Der Dorfkirche (1730) von *Ausbach* gibt eine Ringmauer wehrhaften Charakter; auf dem Kirchhof historische Grabsteine. Beides sind typisch osthessische Barockkirchen mit dreiseitigen Emporen und bemalter Holztonnendecke.
Museum: Heimatstube im Schloß Mansbach (so 15–17 Uhr).
Aktivitäten: Badesee; Hallenbad; Tennis; Reiten; Wandern.
ℹ Gemeindeverwaltung, Schloßstr. 45, 36284 Hohenroda, Tel. 06676/92000.

Maßstab 1:200.000 (0 2 4 6 8 10km)

△ Zum alljährlichen Heimat- und Trachtenfest im Juli in Schlitz gehört der Festumzug

△ Beim Schlitzer Trachtenfest treffen sich Folkloregruppen aus dem In- und Ausland ...

△ ... sowie der engagierte Nachwuchs

Die ›Stadtkrone‹ von Schlitz ▽

△ Lauterbach: Fachwerk prägt Häuser und Stadtmauertürme

Die Jugendstilhalle des Kurhotels ›Badehof‹ in Bad Salzschlirf ▽

An Schlössern und Burgen mangelt es im Hessischen Bergland nicht. Die meisten der alten Fürstensitze aber findet man rund um den Vogelsberg. Einige der kleinen Residenzen werden zum Teil noch heute von den Nachfahren ihrer Erbauer bewohnt. So sitzen die Solmser Grafen mit ihren verschiedenen Linien in Laubach, Lich und Hungen, die Fürsten zu Ysenburg-Büdingen im malerischen Büdingen.

Schlitz, Hessens Burgenstadt

Eine Berühmtheit ist das Burgenstädtchen Schlitz: In fünf Minuten kann man hier vier seiner fünf Burgen erwandern. Die Festen verdankt der Ort – schon nahe der Rhön – den baufreudigen Herren von Schlitz, genannt von Görtz. 1726 wurden sie zu reichsunmittelbaren Grafen erhoben. Größte und älteste ist die Vorderburg, die aus einem romanischen Wohnturm hervorging. Die meisten der heutigen Gebäude stammen aus dem 16. Jahrhundert, und im Westflügel befindet sich immer noch die Gräflich-Görtzische Verwaltung. In dieser Hauptburg residierte bis ins 18. Jahrhundert der Chef des Familienclans.

Die Verwandtschaft wohnte vornehmer: Die ›Ganerben-Gemeinschaft‹, verteilte sich auf die Hinterburg, die Schachtenburg, die Ottoburg und die Hallenburg. Doch nicht alle entsprechen dem Bild eines wehrhaften mittelalterlichen Wohnsitzes. Die Hinterburg hat zwar noch einen Bergfried aus dem 14. Jahrhundert, der Schlitz mit den beiden anderen Türmen seine unverwechselbare Silhouette verleiht, doch die tiefer gelegenen Burgen fallen nicht sofort auf.

Die Schachtenburg wurde 1557 als Witwensitz für Elisabeth von Schlitz errichtet. Als solcher mußte sie eher komfortabel als wehrhaft sein. Von einer ›richtigen‹ Burg zum schlichten Barockschlößchen wandelte sich die Ottoburg. Am unteren Rand des Marktplatzes zog Philipp Friedrich, der Sohn Otto Hartmanns von Schlitz, in das erweiterte Anwesen ein. 1679 zum Oberhaupt der verzweigten Familie avanciert, befand er das Wohnen in ›rückständigem‹ mittelalterlichem Gemäuer für sei-

△ Mit Alsfelds schmuckem Rathaus als Kulisse ... ... macht der Besuch des Wochenmarkts besonders viel Spaß ▽

Puppenmuseum in Antrifttal: Kinderträume vergangener Tage ▽

△ Prächtige Fachwerkhäuser säumen den Markt von Alsfeld

Schön zurechtgezupft: die Katzenberger Tracht ▽

nen exponierten Stand wohl nicht mehr angemessen.
Die Hallenburg im Tal wurde nach einem Brand 1755 gleich als Wohnschloß erbaut. Gegen 1800 ließ Graf Karl Heinrich ein drittes Geschoß aufsetzen, und der Bau gewann zeitgemäßes klassizistisches Aussehen.

Schlitzer Leinentuch weltweit

Lufthansa hat es, Quantas, SAS, Singapur-Airlines braucht es: Keiner ihrer Flieger hebt ab ohne Servietten, Sets und Tischdecken aus Schlitz. Auch die großen Dampfer von Hapag-Lloyd stechen nicht ohne die edle Tischwäsche in See, und manch renommierte Hotelkette verzichtet ebenso wenig auf die Tücher mit ihren eingewebten Logos, Signets oder Emblemen.
Mit Einführung der maschinellen Leinenweberei begann auch die Geschichte der Schlitzer Leinenweberei GG Langheinrich. 1832 wurde das Unternehmen als ein weiteres Standbein zur schon existierenden ›Spezereikrämerei und Branntweinzapferei‹ gegründet.
Georg Gottlieb Langheinrich war nicht der erste Leinenweber am Ort. Mitte des 18. Jahrhunderts gab es bereits etwa 35 Damastwebstühle in der Stadt. Doch er war wohl auf Dauer der beste. Und so liest sich seine Kundenkartei wie ein ›who is who‹ großer internationaler Dienstleistungsunternehmen.

Reitzylinder und Cowboyhut

Weite Reisen unternehmen auch Filzhüte aus Lauterbach. Daß sie mit dem deutschen Olympiateam der Dressurreiter um die Welt jetten, zählt dabei nicht, aber daß Cowboyhüte aus Hessen nach Amerika und Doktorhüte nach England geliefert werden.
Auch die orthodoxen Juden in aller Welt tragen häufig den obligatorischen schwarzen Hut made in Germany. Doch verrät selten ein Etikett die traditionsreiche Firma: Meist werden nur leicht abziehbare Label in die Hüte geklebt.
Ob Humphrey-Bogart-Hut, Zimmermannshut, Zylinder oder Theaterhüte – neben den modischen Kopfbedeckungen werden die Klassiker wohl auch in Zukunft aus Hessen kommen, denn das Familienunter-

△ Wanderer im Naturpark Hoher Vogelsberg

In Schotten versteht man das Brotbacken ▽

△ Die Anbetung der Heiligen Drei Könige am Westportal der Liebfrauenkirche von Schotten

△ *Schotten: Blickpunkt am Marktplatz ist die gotische Liebfrauenkirche*

Badespaß am Gederner See ▽

nehmen in der siebten Generation hat keine Nachwuchs- und bisher auch keine Absatzsorgen.

Schottens Wintermetzger

Obwohl sie, wie es die Bezeichnung schon andeutet, ihren Beruf nicht als ›full time job‹ ausübten, verstanden die Wintermetzger ihr Handwerk bestens. Im Sommerhalbjahr betrieben Schottens Metzger selber etwas Landwirtschaft. Im Oktober begann dann die Schlachtzeit, wenn die Bauern aus dem Vogelsberg ihr Vieh, das sie nicht über den Winter durchfüttern konnten, auf den Wochenmärkten verkauften. In der Regel besaß man kein Schlachthaus, sondern erledigte die Arbeit auf den Platten im Hauseingang.

Den guten Familienrezepten und der hervorragenden Qualität verdankte die ›Schötter Wurst‹ ihre große Beliebtheit und sogar internationale Anerkennung mit Verdienstmedaillen von den Weltausstellungen 1867 und 1873. Das Gros der Dauerwürste wurde mit Fuhrwerken und später auch per Eisenbahn bis nach Frankfurt, Köln und ins Ruhrgebiet transportiert. Ein Versandhandel entwickelte sich bald, denn es gab mehr zu verkaufen, als der Metzger auf seiner ›Wurstreise‹ selber unters Volk bringen konnte. Die daheim gebliebenen Angehörigen spezialisierten sich aufs Paketepacken, und so ging die Schötter Wurst noch bis in die zwanziger Jahre des 20. Jahrhunderts auf die Reise nach Paris, London, Amerika, sogar nach Peking und Kamerun.

Die Katzenberger Tracht

Eine Spezialität der katholischen Ortschaften vom Vogelsberg ist die Katzenberger Tracht. Sie weist Ähnlichkeiten mit der im Gebiet Amöneburg auf, das einst auch dem Erzbischof von Mainz unterstand.

Über die historische Männertracht weiß man heute kaum mehr etwas. Weit besser sieht es dagegen mit dem Gewand der Frau aus. Sie trägt eine kurze, schwarze Strickjacke, die Motze, und einen langen, weiten Rock, der oben gefältet ist. Aus dem Halsausschnitt des Motzens schaut ein dickes, mit bunten Blumen besticktes Halstuch hervor. Seine langen Bänder werden über der Brust

△ Der Marktplatz mit Rathaus von Grünberg

Lich: Grabmal des Kuno von Falkenstein und seiner Gemahlin ▽

Grünberg: Bevor es die Hausnummern gab, war man anschaulicher ▽

Idylle mit Brunnen im Schloßhof von Hungen ▽

gekreuzt und auf dem Rücken übereinandergeschlagen. Über einem langen Unterhemd wird ein Leibchen getragen, an dessen unterem Rand eine ›Wurst‹ aufgenäht ist; sie sorgt für einen schönen Fall des Rocks. Die Vorliebe für Stickereien zeigt sich auch in den Strümpfen und Schuhen. Auf dem Kopf rundet eine mit Pailletten besetzte Kappe, die mit einer dicken, schwarzen Schleife unter dem Kinn gebunden wird, die Katzenberger Frauentracht ab.

Buchenwald seit eh und je

Eine Spezialität ganz anderer Art um den Vogelsberg sind die Buchenwälder, die seit Jahrtausenden das Gebiet beherrschen. Für die Römer war ›Buchonien‹ noch eine ›weite Einsamkeit‹. Ihnen schien der erloschene Vulkan wenig einladend. Ab dem frühen Mittelalter aber wurde auch dieses Gebiet von Bauern besiedelt. Die Dominanz der Buche blieb dabei gewahrt.
Denn für ihre Hütten und Geräte bevorzugten die Menschen die weicheren Hölzer. Die Buche mit ihrem harten Holz ließen sie ›links liegen‹. Auch die Viehhaltung förderte die Buchenbestände: Man schätzte die Bäume nicht nur als Schattenspender, sondern nutzte die Bucheckern zur Mast der Tiere. Und somit stand das Wachsen und Gedeihen der Rotbuche auch weiterhin unter einem günstigen Stern.

Runde Feste: Büdingens Burg

Auch als zur Stauferzeit ab ungefähr 1166 in Büdingen eine Wasserburg zum schutz der Wetterau entstand, benötigte man massiven Stein. Die Buckelquader der ältesten Wehrmauer sind in der Außenfront der Kernburg noch gut zu erkennen. Auf die Erbauungszeit geht auch die Form der fast runden Anlage zurück. Der Festsaal erhielt sogar den Beinamen ›Krummer Saal‹, da sein Grundriß der abgewinkelten Ringmauer folgt. Noch deutlicher wird die Anlehnung der Bauteile an die annähernd runde Burgmauer in der Schloßkapelle: Ihr Grundriß ist dreizehneckig. Und der Galerie, die mit ihrer Maßwerkbrüstung den Kirchenraum durchzieht, ist unschwer anzusehen, daß es sich hierbei um den ehemaligen Wehrgang handelt.

△ Erholsame Stunden am Nidda-Stausee bei Schotten

Das Schloß von Hungen wurde von Solmser Grafen erbaut ▽

△ Wehrhaft zeigt sich Büdingen mit dem Untertor und dem aus einer staufischen Wasserburg erbauten Schloß ▽

Als Elvis Presley GI in Germany war, wohnte er in Bad Nauheim ▽

△ Bad Nauheims Sprudelhof verbindet elegant sechs historische Badehäuser, in denen man heute noch kuren und feiern kann

△ Ein Genuß für die Sinne ist das Rosenmuseum Steinfurth ... ... mit seinen blühenden Schaugärten ▽

Nauheim: Baden in Jugendstil

Dem kunstsinnigen Großherzog Ernst Ludwig von Hessen und bei Rhein ist es zu danken, daß Bad Nauheim Anfang des 20. Jahrhunderts zu Kuranlagen kam, in denen sich alte und neueste Architekturformen mit dem aktuellen Stand der Technik vereinte. Architekt war der junge Wilhelm Jost. Als Vorbilder dienten ihm barocke Schlösser und repräsentative Krankenhäuser aus ›halb Europa‹. Die künstlerische Ausgestaltung lieferten die Mitglieder der Darmstädter Künstlerkolonie von der Mathildenhöhe.
Es entstand eine symmetrische Anlage mit den Quellen in ihrer Mitte. Der Sprudelhof wird gerahmt von Badehäusern, die bis heute mit ihrer Jugendstilausstattung im Kurbetrieb genutzt werden. Wie ein Barockschloß öffnet sich der Hof zum Kurpark. Und was zeigt der Blick in die umgekehrte Richtung? Als optischen Mittelpunkt des Sprudelhofs einen hohen Schornstein!
Das ist keine moderne städtebauliche Fehlplanung, sondern war von Anfang an so vorgesehen. Man war stolz auf die Technik, welche die Wasserzuflüsse in den Badehäusern von einem einzigen Maschinenhaus aus ermöglichte. Weil man auch die Eisenbahn als Vorzeige-Errungenschaft ansah, setzte man gleich noch den Bahnhof, natürlich im Jugendstil, vor die ›Lücke‹ im Sprudelhof.

Rosenstöcke aus Steinfurth

So schön ihr Aussehen und Duft sind, so mühselig ist ihr Anbau. Davon können die Steinfurther ein Lied singen, denn seit 1868 werden hier in der Wetterau statt Rüben Rosen angebaut. Es geht dabei weniger um Schnittblumen, als vielmehr um die Rosenstöcke, welche hier gezogen werden.
Wie tief die Rose in der Kulturgeschichte verwurzelt ist, zeigt ein kleines, aber feines Museum. Die die edle Blume als Symbol der Liebe ist jedem vertraut, aber als Symbol der Vergänglichkeit oder Verschwiegenheit? Oder ihre Rolle in der Religion, in der christlichen und islamischen? Auch ihr profaner Nutzen im Alltag, von der Heilkunst bis zum ›Balsam für die Seele‹ im Kitsch, wird im Rosenmuseum gekonnt präsentiert.

MARBURG (Lahn)
STADT-ALLENDORF
ALSFELD
LAUTERBACH
SCHLITZ
FULDA
GLADENBACH
WETZLAR
GIESSEN
LICH
GRÜNBERG
LAUBACH
HUNGEN
SCHOTTEN
ULRICHSTEIN
HERBSTEIN
GEDERN
NIDDA
BUTZBACH
BAD NAUHEIM
FRIEDBERG (Hess.)
USINGEN
FRIEDRICHSDORF
NIDDATAL
ORTENBERG
BÜDINGEN
WÄCHTERSBACH
BAD SODEN-SALMÜNSTER
STEINAU
SCHLÜCHTERN
KIRTORF
HOMBERG (Ohm)
HOMBERG
ROMROD
SCHWEINSBERG
AMÖNEBURG
STAUFENBG.
LOLLAR
ALLENDORF (Lumda)
BUSECK
PÖHLHEIM
LINDEN
LANGGÖNS
MÜNZENBERG
REICHELSHEIM
NEU-ANSPACH
Vogelsberg
Naturpark Hoher Vogelsberg
Ringstraße
Deutsche Ferienroute Alpen-Ostsee
Deutsche Märchenstraße
Deutsche Alleenstr.
Landrücken
Feldatal
Schwalmtal
Fernwald
Rabenau
Wetten-berg
Limeshain
Glauburg
Brachttal
Sinntal
Neuhof
Kalbach
Eichenzell
Künzell
Petersberg
Hünfeld
Großenlüder
Bad Salzschlirf
Wartenberg
Grebenhain
Freiensteinau
Birstein
Hosenfeld
Flieden
Rommerz
Hattenhof
Burghaun
Haunetal
Niederaula
Breitenbach
Grebenau
Antrifttal
Gemünden (Felda)
Mücke
Ebsdorfergrund
Weimar
Lohra
Biebertal
Heuchelheim
Lahnau
Hüttenberg
Rockenberg
Wölfersheim
Echzell
Florstadt
Altenstadt
Karben
Rosbach v.d. Höhe
Ober-Mörlen
Langenhain
Pohl-Göns
Kirch-Göns
Ober-Kleen
Ranstadt
Kefenrod
Hirzenhain
Wenings
Bleichenbach
Dauernheim
Ulfa
Eichelsdorf
Rainrod
Villingen
Nonnenroth
Freienseen
Ruppertsburg
Ilsdorf
Groß-Eichen
Kölzenhain
Feldkrücken
Bermuthshain
Crainfeld
Ilbeshausen
Herchenhain
Volkartshain
Lichenroth
Wüstwillenroth
Salz
Hitzkirchen
Wächtersbach
Schlierbach
Gettenbach

Wo gibt es was?

Fähnchennummer = Textnummer ℹ = Auskunft

Alsfeld ①

Malerischer Erholungsort (18 000 Einw.) an der Deutschen Märchenstraße.
Sehenswert: Ein Kleinod mittelalterlicher Fachwerk- und Renaissance-Architektur ist die Altstadt, besonders der Marktplatz mit Fachwerk-Rathaus (1516), Hochzeitshaus (1571), Weinhaus (1538), Strumpfhaus (1609) und der gotischen Walpurgiskirche (spätgotischer Schnitzaltar, romanischer Taufstein). Ein Teil der Stadtmauer und der Leonhardsturm (1386) sind erhalten.
Museen: Regionalmuseum im Minnigerode-Haus (1687) und Neurath-Haus (1688), Rittergasse, mit großer Trachtenabteilung (di–fr 9–17, sa/so/fei 10–12 u. 14–17 Uhr). Puppenmuseum in *Antrifttal-Seibelsdorf* (7 km nordwestl.; n. V. Tel. 06631/3536).
Aktivitäten: Erlebnisbad; Tennis; Reiten; Segelfliegen; Angeln; Radfahren; Wandern.
Markt u. Veranstaltungen: Akademischer Frühschoppen (Himmelfahrt); Stadt- u. Heimatfest (Aug.); Historischer Markt (Sept.); Alsfeld Musik Art, Klassikkonzerte (Okt.).
ℹ Touristcenter, Rittergasse 3–5,
36304 Alsfeld, Tel. 06631/182165.

Schlitz ②

Hessens Burgenstadt (10 300 Einw.) liegt malerisch zwischen Rhön und Vogelsberg.
Sehenswert sind Vorder-, Hinter- und Schachtenburg (heute größtenteils 16. Jh.) und Ottoburg (17. Jh.). Vier Fachwerkhäuser (16./17. Jh.) samt steinernem Rathaus (16. Jh.) wurden zur modernen ›Rathauszeile‹ zusammengefaßt. Die Stadtkirche vereint Bauteile des 9.–20. Jh. Am Kirchplatz liegen der Fachwerkbau des Pfarrhauses (1610) und das Schulhaus (1709).
Heimatmuseum in der Vorderburg: Trachten, Weberei, Handwerk (April–Okt. di–so 14–16, Nov.–März sa/so/fei 14–16 Uhr).
Aktivitäten: Frei- und Hallenbad; Reiten; Surfen; Angeln; 160 km Wanderwege; Waldlehrpfad; Planwagenfahrten.
Umgebung: Mineral- und Moorheilbad *Bad Salzschlirf* (8 km südwestl.) im Schlitztal mit Kureinrichtungen samt Park.
Markt u. Veranstaltungen: Schlitz: Stadtparade (April); Schlitzerländer Heimat- und Trachtenfest (Juli); Weihnachtsmarkt (Advent-Wochenenden). Bad Salzschlirf: Oldtimer-Festival (Juni); Lichterfest (Aug.).
ℹ Verkehrsbüro, An der Kirche 4,
36110 Schlitz, Tel. 06642/97060.
Kur- und Tourismus GmbH, Bahnhofstr. 22,
36360 Bad Salzschlirf, Tel. 06648/2266.

Lauterbach ③

Luftkurort (15 000 Einw.) an Alleen-, Fachwerk- und Deutscher Märchenstraße.
Sehenswert sind die zahlreichen Fachwerkhäuser der Altstadt; schönes Ensemble Am Graben. Neben der Stadtkirche (1767) steht ein spätbarockes Bürgerhaus.
Regionalmuseum im Stadtpalais Hohhaus von 1773 (di–so 10–12 u. 14–17 Uhr).
Aktivitäten: Freizeitzentrum mit Erlebnisbad; Freibad; Kneippanlage; Squash- u. Fitneßcenter; Tennisplätze- u. -halle; Reiten; Golf; Minigolf; Schießstand; Eissporthalle; Radverleih; 150 km Wanderwege; Kutsch- und Planwagenfahrten; winters Loipen.
Märkte u. Veranstaltung: Pfingstmusiktage; Prämienmarkt (1 Wo. nach Pfingsten); Int. Töpfermarkt (Sept.).
Umgebung: Zugänglich ist der Park vom Renaissance-Schloß *Eisenbach* (5 km südl.).
ℹ Verkehrsbüro, Marktplatz 14,
36341 Lauterbach, Tel. 06641/184112.

Schotten ④

Luftkurort (12 500 Einw.) am Vogelsberg.
Sehenswert: Die Liebfrauenkirche (1350 bis 1385) hat einen kostbaren Flügelaltar (um 1400). Alsfelds Rathaus-Baumeister errichtete auch Schottens Rathaus (1520). Rund 100 Vogelarten findet man im Vogelpark, Vogelsbergstr. 212 (Mai–Okt. mo–fr 9–18, sa 12–18, so/fei 10–18 Uhr).
Museum: Umfangreich ist das Vogelsberger Heimatmuseum, Vogelsbergstr. 95 (April–Sept. di, do 14.30–16.30, so 10–12, Okt.–Febr. do 14.30–16.30 Uhr).
Aktivitäten: Erlebnisfreibad; Bootsfahrten; Angeln; Tennis; Golf; Reiten; Schießen; Radverleih; Segeln; Surfen; Segelfliegen; Sommerrodelbahn; Wandern; Wintersport.
Umgebung: *Eichelsachsen* (8 km südl.) hat eine Fachwerkkirche (1722). In *Gedern* (15 km südöstl.) machten die Fürsten zu Stolberg-Wernigerode die Burg zum Schloß (18. Jh.); Erholungsgebiet Gederner See.
Markt u. Veranstaltungen: In Schotten: Öko-Agrar, Landmesse (um 1. Mai); Pfingstmarkt; Schottenring Grand Prix mit historischen Motorrädern (Aug.); Backhausfeste; Brotbacken. In Gedern: Open-air-Konzert, Rock (Juli); Seefest mit Feuerwerk (Juli).
ℹ Tourist-Information, Vogelsbergstr. 180,
63679 Schotten, Tel. 06044/6651.

Laubach ⑤

Luftkurort (10 500 Einw.) im Tal der Wetter am Westhang des Vogelsbergs.
Sehenswert: Das Renaissance-Schloß mit bedeutender Privatbibliothek (n.V.) bewohnen die Solmser bis heute. Ein ›Grafengang‹ (1750) verbindet es mit der Stadtkirche (Ostteil 13. Jh., 1702 Langhaus).
Aktivitäten: Frei- u. Hallenbad; Kneippanlage; Tennisplatz; Radverleih; 150 km Wanderwege; Kutsch- und Planwagenfahrten.
Veranstaltungen: Kurkonzerte; Orgel- und Drehorgelfestival (Juni/Juli); Ausschußfest (Juni); Blues, Schmus, Apfelmus (Sept.).
Umgebung: *Grünbergs* (6 km nördl.) Rathaus wurde 1587 als Wohnhaus erbaut.
ℹ Kultur- und Tourismusbüro,
Friedrichstr. 11, 35321 Laubach,
Tel. 06405/921321.

Lich ⑥

Die Stadt (13 300 Einw.) an der Wetter kam 1418/19 an die Solmser, die bis heute in ihrem Schloß (17.–20. Jh.) leben.
Sehenswert: Eindrucksvoll sind die Grabmäler in der Marienkirche (14./16. Jh.). Die Licher Privatbrauerei, In den Hardtberggärten, ist zu besichtigen (Führungen di, mi, do n. A. Tel. 06404/82135).
Museum: Heimatmuseum im Textorhaus (15.–17. Jh.; sa 10–12, so 10.30–12 Uhr).
Aktivitäten: Hallen- u. Waldschwimmbad; Tennisplatz; Golfplatz; 67 km Wanderwege; Waldlehrpfad; Rollschuhbahn.
Umgebung: *Hungen* (9 km südöstl.) besitzt auch ein Schloß der Solmser Grafen (14.–17./18. Jh.) und im Ortsteil *Obbornhofen* ein Fachwerk-Rathaus (um 1530/40). *Bad Salzhausen* (22 km südöstl.) ist eines der ältesten Solebäder Deutschlands.
Märkte u. Veranstaltung: Lich: Volksfest (Juli); Hist. Markt (2 Wo vor Pfingsten). Hungen: Allerheiligenmarkt/Kreispferdeschau.
ℹ Magistrat der Stadt, Unterstadt 1,
35423 Lich, Tel. 06404/806245.

Bad Nauheim ⑦

Das Staatsbad (20 000 Einw.) in der Wetterau glänzt als Jugendstil-Ensemble.
Sehenswert sind der Sprudelhof mit den Quellen und Badehäusern, die Trinkkuranlage mit Wandelhalle (Ausstellungen zum Badeort und Jugendstil) und das Theater.
Museum: Ein Salzmuseum (sa 15–18, so 9–12 u. 15–18 Uhr), eine Galerie für Wechselausstellungen und ein Skulpturenpark (Juli–Sept. 15–19 Uhr) liegen im Kurpark, in *Steinfurth* ein Rosenmuseum, Alte Schulstr. 1 (mi–sa 14–17, so/fei 10–17 Uhr).
Aktivitäten: Freibad; Hallen-Wellenbad; Thermalsole-Bewegungsbad; Tennis; Badminton; Squash; Reiten; Minigolf; Golf; Angeln; Sportschießen; Eislauf (Sept.–April).
Veranstaltungen: Rosen- u. Museumsfest (im Wechsel Juli); Quellendankfeier (Aug.); Konzerte; Theater.
ℹ Gästebüro, Ludwigstr. 20–22,
61231 Bad Nauheim, Tel. 06032/3440.

Büdingen ⑧

Der Luftkurort (20 000 Einw.) liegt am Südrand des Vogelsbergs.
Sehenswert: Häuser der Gotik und Renaissance, Liebfrauenkirche (13./14. Jh.) und Altes Rathaus (15. Jh.) prägen das noch ummauerte Städtchen. Außerhalb liegt die Remigiuskirche (9./11. Jh.). Das Schloß der Fürsten zu Ysenburg und Büdingen ist von diesen noch bewohnt (Führungen).
Aktivitäten: Frei- u. Hallenbad; Tennis; Reiten; Minigolf; Angeln; historischer Wanderweg; 50 km Wanderwege; Kutschfahrten.
Markt: Fürstl. Weihnachtsmarkt (Advent).
ℹ Fremdenverkehrsamt, Marktplatz 7,
63654 Büdingen, Tel. 06042/96370.

Maßstab 1:300.000 — 0 2,5 5 7,5 10 12,5 15 km

Aushänger vor Fachwerkfassaden mit schöner Schnitzerei: Marburgs Altstadt lohnt den Rundgang.

Bilderbuch-Städtchen an der Lahn

Aus Landgrafenburgen wurden Schlösser, aus thüringischem Besitz spaltete sich Hessen ab: Das geschichtsträchtige Marburger Land ist sehenswert. In Marburg mischt sich eine junge Szene in die Fachwerkidylle, denn hier bestimmt die Universität das Leben. Kulturtreffpunkt ist auch der Schartenhof in Eckelshausen bei Biedenkopf, vor allem zu seinen Musiktagen. Allein schon durch ihre Hügellage bestechen die alten Fachwerkorte Amöneburg, Rauschenberg und Schweinsberg.

△ Marburg: Das Landgrafenschloß mit der Marienkirche ...

... und das Renaissance-Rathaus am Markt ▽

Das Fachwerk brachte auch im 19. Jahrhundert malerische Formen hervor ▽

△ *Elisabethkirche: Darstellung der Marienkrönung*

Die Wettergasse, eine romantische ›Shoppingmeile‹ ▽

Der Fahrstuhl in die Altstadt: Dieser kostenlose Service erspart den Marburgern den mühevollen Anstieg in ihr historisches Zentrum rund um das Renaissance-Rathaus hoch über der Lahn. Nur Pedalritter könnten ein Problem haben. Der Fahrradparkplatz vor den zwei Aufzügen ist fast immer besetzt.

Lebendige Universitätsstadt

Obwohl sich Marburg mit seiner Philipps-Universität als ältester protestantischer Hochschule der Welt rühmen kann, ist es eine junge Stadt: Mehr als 17 000 Studenten hat sie bei 78 000 Einwohnern. Zusätzlich sind noch über 6000 Menschen an der Alma Mater angestellt, so daß fast jeder dritte Marburger etwas mit der Universität zu tun hat.

Kein Zweifel, in Marburg gibt die Jugend den Ton an. Szenekneipe oder jahrhundertealtes Gasthaus – sie sind Treffpunkt von Studenten beider ›Seiten‹: die einen führen hitzige Diskussion oder genießen das Rendezvous mit der Kommilitonin, die anderen sind froh, mit dem Kellnerjob ihr Studium zu finanzieren.

Natürlich gedeiht in der Universitätsstadt auch eine alternative Kulturszene. So verabredet man sich im KFZ, dem Kommunikations- und Freizeitzentrum in der Schulstraße, im TNT, dem Theater neben dem Turm, oder im Tasch, der ambitionierten Studiobühne des Marburger Theaters am Schwanenhof.

Verschmäht: Biedenkopfs Burg

›Rivalin‹ von Marburg war und ist das Handwerkerstädtchen Biedenkopf. Wie Marburg entwikkelte es sich rund um eine Burg der Thüringer Landgrafen. Im frühen 15. Jahrhundert zum Jagdschloß umfunktioniert, erklärte Landgraf Ludwig I. sie 1446 zusammen mit der Burg in Gießen zur Altersvorsorge und Witwensitz für seine Schwiegertochter Anna. Schloß Biedenkopf war, so die Urkunden, deshalb ›auch für Frauen geeignet eingerichtet‹. Zum Luxus jener Tage gehörte ein Aborterker, wie er im ersten Stock des Palas erhalten ist.

Dennoch, die Damen des landgräflichen Hauses bevorzugten Marburg. Ab 1520/25 stand der Palas leer, und

△ Amöneburg: Der Brunnen auf dem Marktplatz zeigt St. Martin

△ In malerischer Berglage: Amöneburg

△ Noch funktionstüchtig: die Alte Mühle in Argenstein

Eine Spezialität im Marburger Land: Fachwerk mit Kratzputz ▽

Ein geschichtsträchtiger Ort, Amöneburgs Brücker Mühle, bietet heute Kultur und Informatives zur Landwirtschaft ▽

von 1579 bis 1843 wurde der Steinbau mit seinem gotischen Dachstuhl als Scheune genutzt. Das Meisterwerk alter Zimmermannskunst ist zu besichtigen, denn in den vier Stockwerken des Daches befindet sich das Hinterlandmuseum.

Brenzlige Idylle: Fachwerkorte

Abseits vom großen Weltgeschehen erscheinen dagegen die Kleinstädte ›hinter‹ den Lahnbergen: das malerisch auf einer Bergkuppe gelegene Amöneburg, Rauschenberg, das sich aus dem Tal der Wohra zum Schloßberg hinaufzieht, Schweinsberg, dessen historische Ortspflege 1996 abgeschlossen wurde. Was heute begeistert, war früher bedrohlich. Allein Rauschenberg erlebte in 400 Jahren sechs Brandkatastrophen – 1266, 1507, 1529, 1624, 1639, 1641 – kleinere Brände nicht gezählt.
Der Marktkump war bis 1669 der wichtigste Teil der Feuerwehr: In einer Menschenkette wurde von hier das Löschwasser eimerweise durch den Ort zum Brand weitergereicht. Ab 1840 unterstützte der Philippskump in der Jahnstraße die Löscharbeiten. Bis zur Einführung der zentralen Versorgung holte man auch das Wasser für den täglichen Bedarf aus den Kümpen. Ein Brunnenleiter trug Sorge, daß die Becken immer ausreichend gefüllt waren.

Eckelshausener Musiktage

›Was will die ale Frau mit dem alen Auto nur mit dem ale Haus?!‹ Annemarie Gottfried war gerade 45 Jahre alt, als sie 1970 den Schartenhof kaufte. Eigentlich suchte die Puppenmacherin nur ein preiswertes Atelier und einen Ort, um Begegnungen zu schaffen.
Die Atmosphäre des von der Denkmalpflege mehrfach ausgezeichneten 300 Jahre alten Fachwerkhofs inspirierte zu weiteren Taten. Und so entwickelten sich aus einem kleinen Liederabend 1986 die Eckelshausener Musiktage. Wenn in Südfrankreich Dietrich Fischer-Dieskau und Svjatoslav Richter mit einem Kammerkonzert das Publikum in einer Scheune faszinieren konnten, warum sollte nicht Ähnliches in der ›Stuwe‹ vom Schartenhof möglich sein? Die Besucher jedenfalls sind begeistert.

50
76
100
BATTENBERG (Eder)
HATZFELD (Eder)
Burgwald
ROSENTHAL
GEMÜNDEN (Wohra)
Haina (Kloster)
Münchhausen
BIEDENKOPF
Breidenbach
WETTER (Hessen)
Wohratal
RAUSCHENBERG
Lahntal
Dautphetal
Cölbe
KIRCHHAIN
MARBURG
AMÖNEBURG
Amöneburger Becken
SCHWEINSBERG
GLADENBACH
Bad Endbach
Lohra
Weimar
Ebsdorfergrund
Deutsche Märchenstraße
Lahn-Ferienstraße
ALLENDORF (Lumda)
STAUFENBERG
LOLLAR
Rabenau
Hohenahr
Wettenberg
Biebertal
Buseck
Aßlar
Lahnau
Heuchelheim
WETZLAR
GIESSEN
Fernwald
Reiskirchen
GRÜNBERG
LINDEN
LICH
Langgöns
Pohlheim
Hüttenberg
Deutsche Fachwerkstr.
LAUBACH

Wo gibt es was?

Fähnchennummer = Textnummer ⓘ = Auskunft

Biedenkopf ①

Der Luftkurort (14 500 Einw.) ist im oberen Lahntal gelegen.
Geschichte: Auf dem freistehenden Berg hatten die Thüringer Landgrafen im 12. Jh. eine Burg errichtet. Ihre hessischen Nachfolger bauten sie später zum Jagdschloß aus. 1248 erhielt Biedenkopf Stadtrechte.
Museen: Das Hinterlandmuseum im Landgrafenschloß präsentiert Regional- und Kulturgeschichte des Hinterlandes. Seine Schwerpunkte sind: Industrie-, Verkehrs- Landwirtschafts- und Handwerksgeschichte sowie Trachten, Wohn- und Alltagskultur (April–Mitte Nov. di–so 9–17 Uhr). Das Photographisch-Optische Museum, Dexbacher Str. 60, widmet sich der Entstehung der Fotografie von der Laterna magica bis zur modernen Kamera (di u. do 16–18.30 Uhr).
Aktivitäten: 2 Hallen- und 2 Freibäder; Baden im Perfstausee; Freizeitgelände *Sackpfeife* (674 m; 7 km nördl.): Superrutschbahn; winters Skiabfahrt und Langlauf.
Veranstaltungen: Grenzgangsfest (alle 7 Jahre, nächstes 2005); Open-air-Kino im Schloßhof (Juli/Aug.); Stadtfest (Juli); Kartoffel- und Weinfest (Sept./Okt.); Herbstabende im Schloß, Kammermusik und Vorträge (Sept./Okt.). In *Eckelshausen* (3 km südl.): Musiktage, Festival der klassischen Kammermusik (Mai/Juni), sowie Konzerte und Theater im Schartenhof (ganzjährig).
Umgebung: In *Dauphtetal* (8 km südöstl.) ist das Magazingebäude der Carlshütte, z.Zt. Museumsdepot, Zeuge der früheren Eisenverarbeitung an der oberen Lahn.
ⓘ Verkehrsbüro, Mühlweg 1 1/2,
35216 Biedenkopf, Tel. 06461/95010.

Marburg ②

Die ehemalige Residenz der Landgrafen (76 500 Einw.) ist der Verwaltungssitz des Kreises Marburg-Biedenkopf und ein wirtschaftliches Zentrum Nordhessens.
Geschichte: Keimzelle war eine Burg der Thüringer Landgrafen (12. Jh.). Die Übertragung der hessischen Territorien Thüringens an Sophie von Brabant 1264 machte Marburg zur Wiege Hessens. 1527 gründete Philipp der Großmütige hier die erste protestantische Universität.
Sehenswert: Die Burg wurde zum Schloß mit zweigeschossiger Kapelle (1288), Saalbau (14. Jh.), Frauen- und Wilhelmsbau (15. Jh.). Die Stadt prägen Fachwerkhäuser, aber auch alte Steinbauten, wie Steinernes Haus (1319) am Markt, Rathaus (1512/1527), Kugelkloster und Kugelkirche (15. Jh.), Marienkirche (Weihe 1297), Landgräfliche Kanzlei (1575), Kerner (um 1320). Die Elisabethkirche (1235–83) ist Deutschlands älteste rein gotische Hallenkirche. Beachtung von der Ausstattung verdienen Chorfenster und Hochaltar (13. Jh.), das Mausoleum der hl. Elisabeth († 1231), Sarkophag (1359/60), Elisabeth-Schrein (13. Jh.) und Lettner (14. Jh.).
Museen: Universitätsmuseum für Kulturgeschichte mit den Abteilungen Vor- und Frühgeschichte, sakrale Kunst, Landesherrschaft, Kunsthandwerk, Volkskunde Mittel- und Nordhessens, Schloß 1 (April–Okt. di–so 10–18, Nov.–März 11–17 Uhr). Universitätsmuseum für Bildende Kunst, Biegenstr. 11 (di–so 11–13 u. 14–17 Uhr). Botanischer Garten der Universität, Karl-von-Frisch-Straße (Sommer tgl. 9–18, Winter so–fr 9–15.30 Uhr). Kindheits- und Schulmuseum, Barfüßertor 5 (April–Sept. so 11–13 Uhr).
Aktivitäten: Hallen- und Freibäder; Fitneß- und Saunenwelt; Bootsverleih; Minigolf; Reithallen; Golfplatz; Schießsport; Ballonstartplatz; Flugplatz; Modellfluglatz; Rollschuhplatz; Radverleih; Sommerakademie für Bildende Kunst; Jugendfreizeitgelände Stadtwald.
Veranstaltungen: Trinitatiskirmes mit Festumzug; Folklore-Festival (Juli).
Umgebung: In *Lahntal-Großfelden* (7 km nördl.) erinnert das Wohn- und Atelierhaus Otto Ubbelohdes (1867–1922) an den Illustrator der Grimmschen Märchen (Eröffnung Sommer 1999). In *Lahntal-Brungershausen* (14 km nordwestl.) sind die Quarzitfelsen der Wichtelhäuser am Südhang des Wollenbergs beliebtes Wanderziel. Die Mühle (1332) von *Argenstein* (7 km südl.) ist eine der ältesten an der Lahn; schöner Rastplatz nahe dem Lahntalradweg. Burg *Frauenberg* (4 km südl.), 1252 von Sophie von Brabant erbaut und heute Ruine, bildet den Rahmen für ein Hotel, Café und Restaurant.
ⓘ Tourismus und Marketing GmbH,
Pilgrimstein 26, 35037 Marburg,
Tel. 06421/99120.

Rauschenberg ③

Der Luftkurort ist im Wohratal gelegen.
Sehenswertes erschließt ein Kulturpfad vom Philippskump (1840) zum Markt mit Marktkump und Rathaus, über die Schloßstraße mit der gotischen Stadtkirche (Flügelaltar 1420/30, einer der schönsten Nordhessens), durch ein Stadttor und an einem Felsenkeller vorbei zur Ruine der Landgrafenburg. 1594 zum Jagdschloß umfunktioniert, sind Reste der Ringmauer mit zwei ›heimlichen Gemächern‹ (Aborterkern, Funde von Ofenkacheln der Renaissance) erhalten.
Museen: Heimatmuseum im Rathaus mit Stadtgeschichte, Handwerk, Brandschutz (4. So im Monat 15–17 Uhr). In *Schwabendorf* (6 km nördl.) ein Hugenotten-Museum (März–Nov. 3. So im Monat 14–17 Uhr).
Aktivitäten: Schwimmbad; Tennis; Reiten; Radfahren; Wandern, Waldspielplatz.
ⓘ Verkehrs- und Verschönerungsverein, Am Galgenberg 5,
35282 Rauschenberg, Tel. 06425/6245.

Amöneburg ④

Der auf 365 m hohem Basaltkegel im Amöneburger Becken gelegene Erholungsort hat eine einzigartige Lage. Bei klarer Sicht kann man auf 42 Dörfer blicken.
Geschichte: 721 gründete Bonifatius hier ein Kloster. Im 12. Jh. wurde der Ort zum Mittelpunkt der Besitzungen der Mainzer Erzbischöfe in Hessen; erst 1803 fiel er an Hessen-Kassel. Im 17. und 18. Jh. wurde die Stadt immer wieder belagert, 1646 durch schwedische Truppen sogar völlig zerstört. Die Burg (12. Jh.) wurde wiederaufgebaut, 1762 erneut zerstört.
Sehenswert ist das stattliche Fachwerk-Rathaus (spätes 17. Jh.) am Marktplatz. An der Ohm steht unterhalb des Ortes die Brücker Mühle (erste Mühle 1248). Eine Steinbrücke über den Fluß wird erstmals 1264 erwähnt. Der Friedensstein, ein Obelisk im Hof des Brücker Wirtshauses, erinnert an ein Gefecht, das 1762, im Siebenjährigen Krieg, an dem Ohmübergang stattfand. Das Naturschutz-Informations-Zentrum, Schulgasse 2, bietet eine naturkundliche Sammlung über Hessens ältestes Naturschutzgebiet Amöneburg; zusätzlich ganzjähriges Exkursionsangebot und Vorträge.
Aktivitäten: Segelfluggelände; Freizeitanlage mit Tennis, Squash, Badminton; Wassertretbecken; Abenteuerspielplätze.
Markt u. Veranstaltungen: Erfurtshäuser Ostereiermarkt; Mardorfer Fronleichnamsprozession; Feste und Kulturveranstaltungen in der Brücker Mühle (ganzjährig).
ⓘ Stadtverwaltung, Schulgasse 1,
35287 Amöneburg, Tel. 06422/92950.

Schweinsberg ⑤

Das Dorf im Ohmtal am Rand des Amöneburger Beckens besticht durch seine malerische Lage auf einem Basaltkegel und den guten Zustand seiner Bauten dank der 1998 abgeschlossenen Dorferneuerung.
Geschichte: Um 1230 wurde hier eine erste Burg gebaut. Die Freiherren Schenck zu Schweinsberg stifteten 1260 die erste Kirche. Stadtrechte 1332. Im 17. Jh. zerstörten Brände auch große Teile der Burg.
Sehenswert: Die heutige Stephanskirche wurde 1664 geweiht. Historische Bauten sind Reste der Ringmauer, die Konradskemenate (15. Jh., 1637 Wiederaufbau nach Brand), der Fähnrichsbau (1530–52, Fachwerkgeschosse 17. Jh.). Ungewöhnlich für ein so winziges Städtchen sind die herrschaftlichen Höfe der Familie Schenck unterhalb ihrer alten Burg: Unterhof (17. Jh.), Mittelhof (18. Jh. mit barocker Terrasse u. Freitreppe) und Oberhof (18. Jh.). Im Südosten schließt sich das Naturschutzgebiet Schweinsberger Moor an, das größte Moor von Nord- und Mittelhessen.
ⓘ Stadtverwaltung, Bahnhofstr. 2,
35260 Stadtallendorf, Tel. 06428/7070.

Touristik-Informationen

Adressen

Überregional: Hessen Touristik Service e.V., Postfach 3165, 65021 Wiesbaden, Tel. 0611/778802-2, Fax 7788040.
Verband Hessischer Heilbäder e.V., Le-Cannet-Rocheville-Str. 1, 61462 Königstein i.T., 06174/24094, Fax 33648.
Urlaub auf dem Bauernhof, Landesarbeitsgemeinschaft Urlaubsringe in Hessen e.V., Zeller Weg 2, 36304 Alsfeld, Tel. 06631/71743, Fax 73263.
Regional: Touristikzentrale Waldeck-Ederbergland, Südring 2, 34497 Korbach, Tel. 05631/954359, Fax 954378. Fremdenverkehrsverband Werra-Meißner-Land, Nordbahnhofsweg 1, 37213 Witzenhausen, Tel. 05542/958158, Fax 958199. Fremdenverkehrsverband Kurhessisches Bergland, Parkstr. 6, 34576 Homberg (Efze), Tel. 05681/775250, Fax 775438. Touristik-Service Waldhessen, Friedloser Str. 6, 36251 Bad Hersfeld, Tel. 06621/87359, Fax 87307. Fremdenverkehrsverband Marburg-Biedenkopf e.V., Im Lichtenholz 60, 35043 Marburg, Tel. 06421/405381, Fax 405500. Fremdenverkehrsverband Vogelsberg & Wetterau, Goldhelg 20, 36341 Lauterbach, Tel. 06641/977275, Fax 977336.

Behinderte

Gastgeberverzeichnis für Behinderte beim Hessen Touristik Service (siehe Adressen). In Hessisch Lichtenau gibt es einen rollstuhlgängigen Vogellehrpfad. Am Vogelsberg wird therapeutisches Reiten als Schnupperkurs angeboten.

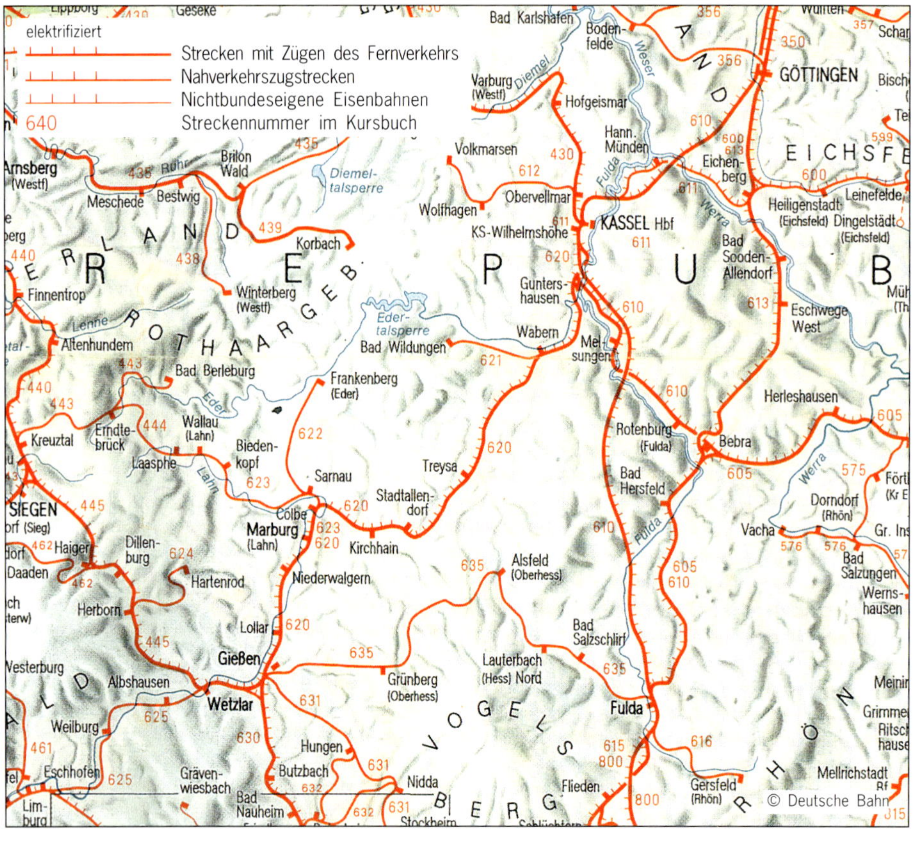

Camping

Der Campingplatzunternehmer in Hessen e.V. (VCH), Parkstr. 6, 34576 Homberg (Efze), Tel. 05681/775223, Fax 775438, hat die Karte ›Urlaub auf dem Campingplatz‹ herausgegeben, auf der 57 Campingplätze für die Region eingetragen sind. Die meisten Plätze gibt es im Waldecker Land, im Kurhessischen Bergland und in Kassel-Land. Ein besonderes Herz hat man in Nordhessen für Reisemobile: Faltblatt ›Wohnmobil-Urlaub-Karte, Infos, Stellplätze‹ bei den regionalen FVV.

Essen und Trinken

In Hessen legt man viel Wert auf heimische Küche. Gastronomen und Fremdenverkehrsfachleute haben sich zur Kooperation ›Hessen à la carte‹ zusammengeschlossen und geben eine Broschüre der Betriebe heraus, die sich der traditionellen Küche und hessischen Spezialitäten verschrieben haben.
Aber auch ohne die Unterstützung des Fernsehens mit der gleichnamigen Sendung des hr wird in einzelnen Regionen bodenständige Küche, von rustikal bis fein, aus den Töpfen gezaubert: Im Werra-Meißner-Gebiet gibt es zu jeder Jahreszeit die Aktionswochen ›Frau Holle bittet zu Tisch‹, in Kassel-Land werden bei der Aktion ›Die Grimms bitten zu Tisch‹ kurhessische Spezialitäten und Märchenhaftes angeboten. In Biedenkopf pflegt man das traditionelle Hinterländer Kartoffelbraten.

Ferienstraßen

Deutsche Märchenstraße: Die mehr als 600 km lange Route führt von Hanau nach Bremen; sie verbindet Dörfer, Städte und Landschaften, die mit dem Leben der Brüder Grimm, ihren Märchen sowie anderen Sagen und Legenden verknüpft sind. Dabei gibt es neben Sehenswürdigkeiten, Museen und Denkmälern auch einen gut gefüllten Veranstaltungskalender mit Terminen von Märchen-Aufführungen, Märchen-Märkten, Festspielen und anderen Aktionen. Infos und Broschüren: Deutsche Märchenstraße, Königsplatz 53, 34117 Kassel, Tel. 0561/707707, Fax 7077200.
Deutsche Fachwerkstraße: Die Arbeitsgemeinschaft Historische Fachwerkstädte mit ihren rund 80 Orten in Hessen und Niedersachsen müht sich nicht nur um den Erhalt der historischen Häuser, sondern hat auch eine touristische Route erfunden. Dabei geht es nicht nur um die Feinheiten der Holzbauweise. Die Gebäude zeigen auch, wie man einst gelebt und gewirtschaftet hat. Folgende Regionalstrecken führen durch das Hessische Bergland: Hannoversch Münden–Alsfeld, Rotenburg/Fulda–Grünberg, Biedenkopf–Hochheim. Infos und Broschüren: Geschäftsstelle im Deutschen Zentrum für Handwerk und Denkmalpflege, Propstei Johannesberg, 36041 Fulda, Tel. 0661/4953133, Fax 4953105.
Deutsche Ferienroute Alpen–Ostsee: Ziel der Ferienroute ist es, in- und ausländische Touristen abseits von Hauptstraßen und großen Städten auf einer 1738 km langen Route von Fehmarn nach Berchtesgaden durch ausgesucht schöne Landschaften zu führen. Im Hessischen Bergland verläuft sie durch das Werra- und Wehretal, über Hessisch Lichtenau, Homberg, Schwalmstadt, Alsfeld, Schotten in den Spessart. Gleichfalls gibt es, jedoch nicht immer parallel zur Autostrecke, auch eine Route für Radfahrer. Infos und Broschüren: Deutsche Ferienroute Alpen–Ostsee e.V. (DFAO), Parkstr. 6, 34576 Homberg (Efze), Tel. 05681/775276, Fax 775438.
Lahntal-Ferienstraße: Mit kurzem Stück tangiert auch diese Straße die Region.

Kinder und Familien

Pauschalangebote für Familien, die vom Wohnen in der Burg über Familienfreizeiten, Familien-Segel-Kursen bis zu Kinderreitferien reichen, vermitteln die Fremdenverkehrsvereine. Auf Familien mit schmalerem Reise-Etat eingerichtet sind der Ferienpark Silbersee in Frielendorf, das Feriendorf der AWO in Sontra, die Jugendburg Ludwigstein bei Witzenhausen und der Jugendhof Hoher Knüll. Genaue Informationen bietet die Broschüre ›Familienferien‹ vom Hessen Touristik Service (siehe Adressen).

weiter auf Seite 112

Ausgewählte Hotels und Restaurants

HOTELS

Erholsam und ruhig gelegen

Parkhotel Emstaler Höhe
Kissinger Str. 2
34308 Bad Emstal-Sand
Tel. 05624/5090, Fax 509200
48 Zimmer, EZ 95–130 DM, DZ 180 DM
Parkplatz, Sauna, Solarium

Akzent-Hotel Waldhotel Soodener Hof
Hardtstr. 7
37242 Bad Sooden-Allendorf
Tel. 05652/9560, Fax 956222
47 Zimmer, EZ 105–125 DM, DZ 158–190 DM
Parkplatz, Sauna, Solarium, Swimmingpool innen

Sporthotel
Am Tannenkopf 1
35305 Grünberg-Außerhalb
Tel. 06401/8020, Fax 802166
51 Zimmer, EZ 98 DM, DZ 166 DM
Parkplatz, Sauna, Solarium
geschlossen vom 27. Dezember bis 5. Januar

Schloß Wolfsbrunnen (European Castle)
37276 Meinhard-Schwebda
Tel. 05651/3050, Fax 305333
60 Zimmer, EZ 180–200 DM, DZ 250–320 DM
Parkplatz, Sauna, Solarium
geschlossen vom 3. Januar bis 15. Februar

Hof Weidelbach
Nordbahnhof 3
34613 Schwalmstadt-Ziegenhain
Tel. 06691/4726, Fax 72240
19 Zimmer, EZ 70–80 DM, DZ 120–140 DM
Parkplatz, Sauna, Solarium

Rüters Parkhotel
Bergstr. 3a
34508 Willingen
Tel. 05632/9840, Fax 984200
45 Zimmer, EZ 86–155 DM, DZ 142–300 DM
Garagenplätze, Parkplatz, Sauna, Solarium

Wohnen auf hohem Niveau

Herrenhaus von Löw
Steinfurther Hauptstr. 36
61231 Bad Nauheim-Steinfurth
Tel. 06032/96950, Fax 969550
20 Zimmer, EZ 190 DM, DZ 240 DM
Parkplatz, Sauna, Solarium

Prinz von Hessen (Meirotels)
Schloßplatz 1
36289 Friedewald
Tel. 06674/9224-0, Fax 9224-250
46 Zimmer, EZ 195 DM, DZ 320–450 DM
Parkplatz, Sauna, Solarium, Whirlpool

Jäger
Kurstr. 9–13
63667 Nidda-Bad Salzhausen
Tel. 06043/4020, Fax 402100
29 Zimmer, EZ 120–150 DM, DZ 200–280 DM
Garagenplätze, Parkplatz, Sauna, Solarium, Whirlpool

Hier wird Sport großgeschrieben

Akzent Park-Hotel
Auf dem Radeköppel
35216 Biedenkopf
Tel. 06461/7880, Fax 788333
43 Zimmer, EZ 90–98 DM, DZ 140–160 DM
Parkplatz, Sauna, Solarium, Fitneßraum, Kegelbahn, Swimmingpool innen, Reiten, Tennis

Hessen Hotelpark Hohenroda
Im Schwarzengrund 9
36284 Hohenroda-Schwarzengrund
Tel. 06676/181, Fax 1487
207 Zimmer, EZ 115–120 DM, DZ 180 DM
Parkplatz, Sauna, Solarium, Seezugang, Fitneßraum, Kegelbahnn, Swimmingpool innen, Fahrradverleih, Reiten, Golf, Tennis

Best Western Sporthotel Vogelsberg
Kneippstr. 1
36329 Romrod
(bei Alsfeld), Tel. 06636/890, Fax 89427
100 Zimmer, EZ 85–135 DM, DZ 160–220 DM
Parkplatz, Sauna, Solarium, Fitneßraum, Kegelbahnn, Swimmingpool innen, Fahrradverleih, Reiten, Golf, Tennis

Akzent-Hotel Kur- und Sporthotel Freund
Sauerlandstr. 6
34516 Vöhl-Oberorke
(bei Frankenberg) Tel. 06454/7090, Fax 7091488
100 Zimmer, EZ 100–140 DM, DZ 180–260 DM
Garagenplätze, Parkplatz, Sauna, Solarium, Whirlpool, Fitneßraum, Kegelbahn, Swimmingpool innen, Radverleih, Reiten, Tennis, Kinderbetreuung

Ringhotel Roggenland
Schloßstr. 11
34513 Waldeck
Tel. 05623/998-8, Fax 6008
68 Zimmer, EZ 120–160 DM, DZ 160–240 DM
Parkplatz, Sauna, Solarium, Fitneßraum, Kegelbahn, Pool innen, Radverleih, Reiten, Golf
geschlossen vom 18. bis 26. Dezember

Preiswert und empfehlenswert

Parkhotel
Bahnhofstr. 12
36364 Bad Salzschlirf
Tel. 06648/3081, Fax 3262
22 Zimmer, EZ 75 DM, DZ 130–170 DM
Parkplatz, Sauna, Solarium

Landhotel Kern
Brunnenstr. 10
34596 Bad Zwesten
Tel. 05626/9970, Fax 997222
58 Zimmer, EZ 73–83 DM, DZ 130–150 DM
Parkplatz, Sauna, Solarium
geschlossen von Anfang Januar bis Mitte Februar

Zum Büraberg
Bahnhofstr. 5
34560 Fritzlar-Ungedanken
Tel. 05622/9980, Fax 998160
34 Zimmer, EZ 80–90 DM, DZ 120–130 DM
Garagenplätze, Parkplatz

Eydt
Hauptstr. 21
36275 Kirchheim/Kreis Rotenburg-Fulda
(bei Bad Hersfeld) Tel. 06625/7001, Fax 5333
60 Zimmer, EZ 71–85 DM, DZ 109–129 DM
Garagenplätze, Parkplatz

Combecher
Kurhessenstr. 32
34626 Neukirchen/Schwalm-Eder-Kreis
Tel. 06694/978-0, Fax 978200
40 Zimmer, EZ 65–90 DM, DZ 100–140 DM
Garagenplätze, Parkplatz, Sauna, Solarium
geschlossen von Anfang bis Mitte Januar

Landgasthof Bechtel
Vor der Brücke 4
34628 Willingshausen-Zella
Tel. 06691/9465-0, Fax 946594
23 Zimmer, EZ 65 DM, DZ 110 DM
Parkplatz

Restaurants

Speisen auf hohem Niveau

Burgwald Stuben
Marburger Str. 25, an der B 252
35099 Burgwald-Ernsthausen
Tel. 06457/8066, Fax 1076
Hauptgericht 35 DM
geschlossen mittwochs sowie 3 Wochen in den Sommerferien

Restaurant im Ringhotel Dölle's Nr. 1
Friedrich-Wilhelm-Str. 2
37269 Eschwege
Tel. 05651/7444-0, Fax 7444-77
Hauptgericht 35 DM
geschlossen sonntags

Restaurant im Hotel Hohenhaus
37293 Herleshausen-Hohenhaus
(im Ringgau) Tel. 05654/680, Fax 1303
Hauptgericht 48 DM
geschlossen sonntags abends, montags ganztags und dienstags mittags

Hier stimmt alles

Restaurant im Hotel Dombäcker
Markt 18
35287 Amöneburg
Tel. 06422/94090, Fax 51495
Hauptgericht 36 DM
geschlossen montags sowie 1 Woche im Januar und 2 Wochen in den Sommerferien

Restaurant im Hotel Zum Löwen
Hauptstr. 17
36289 Friedewald
Tel. 06674/92220, Fax 922259
Hauptgericht 30 DM

Restaurant im Ringhotel Schubert
Kanalstr. 12
36341 Lauterbach
Tel. 06641/96070, Fax 5171
Hauptgericht 30 DM
geschlossen sonntags und montags sowie 2 Wochen im August

Das kleine Restaurant
Barfüßertor 25, am Wilhelmsplatz
35037 Marburg
Tel. 06421/22293, Fax 51495
Hauptgericht 30 DM
geschlossen montags mittags sowie von Ende Juli bis Anfang August

Preiswerte regionale Küche

Restaurant Entenviertel im Hotel Klingelhöffer
Hersfelder Str. 47
36304 Alsfeld
Tel. 06631/2073, Fax 71064
Hauptgericht 25 DM
geschlossen sonntags abends

Park Restaurant im Treff Hotel Quellenhof
Brunnenallee 54
34537 Bad Wildungen
Tel. 05621/8070, Fax 807500
Hauptgericht 25 DM

Restaurant im Flair Hotel Sonneneck
Stadtpfad 2
34479 Breuna
(bei Volkmarsen) Tel. 05693/293, Fax 7144
Hauptgericht 17 DM
geschlosssen montags sowie im Januar

Restaurant im Hotel Jägerhof
Hauptstr. 9
36341 Lauterbach-Maar
Tel. 06641/96560, Fax 62132
Hauptgericht 25 DM

Restaurant im Hotel Vorderburg
An der Vorderburg 1
36110 Schlitz
Tel. 06642/9630-0, Fax 9630-80
Hauptgericht 25 DM
geschlossen mittwochs sowie im Januar

Restaurant im Hotel Stöhr
Marktplatz 9
34286 Spangenberg
Tel. 05663/362, Fax 9487-22
Hauptgericht 20 DM
geschlossen montags sowie von Mitte Januar bis Mitte Februar

Cafés

Residenz-Café
Kirchplatz 5
34454 Bad Arolsen
Tel. 05691/40231, Fax 40231
geöffnet von 8 bis 18 Uhr

Café Paulus
Obere Königstr. 28 a
34117 Kassel
Tel. 0561/978890, Fax 780554
geöffnet von 8 bis 24, sonntags ab 9 Uhr

Café Iris im Hotel Rodenberg
Panoramastr. 98
36199 Rotenburg a.d. Fulda
Tel. 06623/881100, Fax 888410

Stand: Oktober 1998

Von Varta-Experten geprüft.
Weitere Adressen im ›Varta-Führer‹, im Buchhandel erhältlich.

Korfu · Ionische Inseln

Fünfzehn Inseln – Griechenland zum Eingewöhnen

Foto: Kafenion auf Kithira.

Die Inseln westlich des griechischen Festlands, von Korfu über Lefkas, Ithaka, Kefallonia und Zakinthos bis nach Kithira ganz im Süden, sind von denen der Ägäis grundverschieden. Denn anders als die ostgriechischen Inseln und das Festland waren die Ionischen Inseln – bis auf Lefkas – nie türkisch besetzt, sondern wurden von Venedig, eine Zeitlang auch von England geprägt.

Landeskenner bezeichnen die Ionischen Inseln daher als Griechenland zum Eingewöhnen. Vieles ist hier für Mitteleuropäer vertrauter als auf dem Peloponnes, auf Kreta oder Samothrake. Korfu, das mit dichten Wäldern und hohen Bergen für Griechenland eher untypische Landschaftserlebnisse bietet, ist zudem bereits seit über einem Jahrhundert Urlaubsziel – schon Sisi und Kaiser Wilhelm II. kurten hier. Heute gibt man sich weniger exklusiv: Alle großen Charter-Veranstalter aus England und Deutschland fliegen Korfu im Sommer direkt an.

So reizvoll wie die Hauptinsel sind auch die anderen 14 Ionischen Inseln. Olivenhaine, die Urwäldern gleichen, Steilküsten und feinsandige Strände findet man überall, ebenso Höhlen und Wasserfälle, venezianische Burgen und byzantinische Kirchen. Nur eines bietet der Archipel kaum: antike Stätten, mit denen auch der archäologische Laie etwas anfangen kann. Einzige Ausnahme: Auf Korfu und Ithaka kann man auf den (imaginären) Spuren des Odysseus wandeln, dessen Heimat Ithaka gewesen sein soll. Die Einladung zu all dem und viel mehr wird vorbereitet: der HB-Bildatlas Nr. 189.

Touristikregion Kassel-Land
Märchenland der Brüder Grimm

Erlebnisurlaub - über 100 Pauschalangebote

7500 Gästebetten - gepflegte Gastronomie

Kasinoweg 22, 34269 Hofgeismar
Tel.: 05 61-99 52 53, Fax 800 12 50

KAUFUNGEN HAT'S!

• Sehenswerte Ortsteile • Roßgang, Heimatmuseum • Kostenlose Parkplätze • Anruf-Sammeltaxi • Stiftskirche • Freizeitpark Steinertsee mit Modelleisenbahn • Über 80 Vereine

BÜRGERHAUS KAUFUNGEN
Der Mittelpunkt

Leipziger Straße 463 • 34260 Kaufungen
Inh. Thea Viehmann
Tel. 0 56 05 / 25 71 • Fax 7 03 26

Im Mittelpunkt „Das Bürgerhaus"

• 6 Tage geöffnet • Hotel • Kegelbahn • Restaurant (50 Sitzplätze) • Saal für 360 Personen • Gesellschaftsräume für 33 u. 70 Personen • Schießstand • Mittagstisch • täglich wechselnde Tageskarte • „Das Montagsei" von 11.30–14.00 u. 17.00–22.00 Uhr, Schnitzel nach Wahl, Pommes frites und Salat 9,80 DM • Hochzeitsfeiern • Geburtstage • Trauerfeiern • Seminare • Flip-Chard • Overheadleinwand • Fernsehen • Video • Buffets/ eigene Herstellung • Frühstück ab 6.00 Uhr

Luftkurort Zierenberg
im Naturpark Habichtswald

Info: Verkehrsbüro Zierenberg
Poststr. 20, 34289 Zierenberg
Tel.: 0 56 06 - 5 19 1-25 oder 5 19 1-0
Fax: 0 56 06 - 5 19 1-51
http://www.hessennet.de/zierenberg

Raum für Natur NAUMBURG
Staatlich anerkannter Kneipp-Kurort

Projektpreis 1997 Tourismus und Umwelt
Bundeswettbewerb Umweltfreundliche Fremdenverkehrsorte in Deutschland 1996

Das Zusammenspiel zwischen Natur und Mensch ist grundlegender Teil unseres Lebens. Natur braucht uns nicht, wir aber brauchen Sie.

Deshalb: Kur-Urlaub in Naumburg
Die Stadt mit der Schwalbe, (den Raum für Natur -RfN) erreichen Sie auch mit dem Hessencourrier (Museumseisenbahn). Erste Station für Ihren Kur-Urlaub in Naumburg ist das „Haus des Gastes" mit dem Naturschutzinformationszentrum und Kurpark.
Sehenswürdigkeiten: Historische Altstadt mit Stadtpfarrkirche, Fachwerkhäusern und gut erhaltener Stadtmauer, Heimat- und Eisenbahnmuseum, RfN, Hummelwerkstatt, Kulturzug.
Info: Kurverwaltung Naumburg, Hattenhäuser Weg 10, 34311 Naumburg, Tel.: 0 56 25-79 09-15

... wir sehen uns WOLFHAGEN

Historische Fachwerkstadt im Naturpark Habichtswald

Die Hessentagsstadt 1992 lädt Sie ein, Ihren Alltag zu vergessen. Historische Sehenswürdigkeiten, ein vielfältiges Angebot für sportliche Aktivitäten und zahlreiche Wanderwege in waldreicher Umgebung, laden ein zum Ausruhen und Erholen.
Informationen: Verkehrsamt d. Stadt Wolfhagen
Burgstr. 33, 34466 Wolfhagen
Tel.: 0 56 92 / 6 02-26

Hotel - Gaststätte
Haus Schönewald
34233 Fuldatal/Simmershausen
Telefon 05 61-98 10 50, Fax 05 61 / 9 81 05 22

Ihr Familienhotel mit ❤
- Gemütliche Gasträume für 20 bis 150 Personen
- Neue Fremdenzimmer, 50 Betten, alle Zi. DU/WC
- Beliebte Stätte für Tagungen, Gesellschaften und Familienfeiern

Küche geöffnet:
Mo., Di., Do. und Fr. 18.00–21.00 Uhr
Samstags reserviert für Gesellschaften
Sonntags 11.00–14.00 Uhr, *Mittwochs Ruhetag*

Hotel • Restaurant Rosengarten

Geschwister Koch
Warburger Str. 29
an der Bundesstr.
34246 Vellmar
Tel. 05 61 / 82 70 77
Fax 05 61 / 8 20 03 60

Moderne Zimmer. Vorzügliche Küche. Gasträume in gemütlicher, rustikaler Atmosphäre. Günstiger Ausgangspunkt für Besuche zum Schloß Wilhelmstha[l] Wilhelmshöhe, Sababurg u.v.m.

Das idyllische Landhotel in Kelze „Zum Jean Bonnet"

Bonnet 1300 — Löwenstein 1160

Inh.: E. und R. Löwenstein
Hugenottenstr. 6
34369 Hofgeismar-Kelze
0 56 71 / 10 49
0 56 71 / 4 07 46

Französische Menüs
Überraschungsmenüs nur auf Vorbestellung!!!

Hugenottenmenü
acht gängiges Menü ca. 5 Std. Essenszeit

Erste Hessische Museumseisenbahn

HESSEN COURRIER

Züge mit Dampfloks von Mai bis Oktober auf der Strecke Kassel–Naumburg
Info HESSENCOURRIER e.V.
Kaulenbergstr. 5 · 34131 Kassel
☎ 05 61 / 3 59 25 / 58 15 50 / 2 19 81

Tierpark Sababurg
mitten in „Dornröschens" Märchenwald

Ganzjährig geöffnet. 70 verschiedene Tierarten mit über 400 Tieren im 530 Morgen großen Mauerpark. Wisente, Ure, Urwildpferde, Dammwild, Wassergeflügelanlage, Wölfe, Luchse und Exoten. Kinderzoo, Streicheltieranlage, Minieisenbahn, Ponyreiten, Kutschrundfahrten. Forst- und Jagdmuseum. Backhaus. Umfangreiches Führungsangebot. Burghotel mit hervorragender Gastronomie.

Farbige Informationen:
Tierparkverwaltung, Kasinoweg 22, 34369 Hofgeismar, Tel.: 0 56 71 / 80 01-2 51, Fax: 0 56 71 / 80 01-2 50

HOFGEISMAR
– eine Stadt, die alles hat

Info: Stadt Hofgeismar
Markt 1
34369 Hofgeismar
Tel. 0 56 71 / 9 99-0 00
Fax 0 56 71 / 9 99-2 00
http://www.hofgeismar.hessennet.de
Stadt_Hofgeismar@t-online.de

Die historische Stadt an der Deutschen Märchenstraße lädt Sie ein!

Anzeigen

WALD HESSEN
Ihr grünes Urlaubsland

Tel. 06621/87-359 Fax 06621/87-307
Touristik-Service Waldhessen · Friedloser Straße 6 B · 36251 Bad Hersfeld

Hotel am Dreienberg

RESTAURANT
»FRIEDEWALDER STUBEN«

Hauptstr. 5 · 36289 Friedewald
Tel.: (0 66 74) 92 27-0 · Fax: (0 66 74) 92 27-27
Restaurant mit feiner regionaler Küche u. Pilsstube. Komfortable, ruhige Gästezimmer mit DU, WC, TV, Tel. Vollautomatische Kegelbahnen. Gesellschaftsräume für Veranstaltungen und Tagungen aller Art. Hauseigene Parkplätze.

Sie möchten Natur und Landschaft des Knüllgebirges kennenlernen?
Zu Fuß oder mit dem Rad durch eine sanfte Hügellandschaft?
Fun und Action bei Sport und Freizeit?
Sie sind an Brauchtum und Kultur interessiert?

All das bietet Ihnen Kirchheim und noch viel mehr!

Kirchheim
Hessen

Urlaub im Knüllgebirge

Bitte fordern Sie unseren Katalog an
Touristik-Service Kirchheim
Hauptstraße 20, 36275 Kirchheim
Tel.: 0 66 25-91 95 95 Fax 91 95 96

Waldhotel Glimmesmühle

Hombergerstr. • 36251 Bad Hersfeld
Tel. 0 66 21/30 81 • Fax 0 66 21/7 55 74

Die Glimmesmühle, im vorherigen Jahrhundert noch eine mit Wasserkraft betriebene Spinnerei – heute ein modernes Hotel, liegt abseits vom Verkehr inmitten grüner Wiesen, an die sich der Wald unmittelbar anschließt. Alle unsere Zimmer sind mit TV, Telefon und Dusche/WC ausgestattet. Der Biergarten lädt bei schönem Wetter zu kühlen Getränken ein.
Für Ihre Tagungen oder Feierlichkeiten stehen gemütliche Räume bis 80 Personen bereit.
Auf Ihren Besuch freut sich Elli Dingel und Familie Wolff.

Restaurant Zum Stern Romantik-Hotel

Weil's so schön war ...

Feiern Sie Ihre Hochzeit noch einmal!
„Hochzeit in memory"
Ein erfrischendes Wochenende, das Sie mit Freunden genießen sollten.

Wir haben Ideen für Ihre kostbarste Zeit!

36251 Bad Hersfeld
Tel.: 0 66 21/1 89-0
Fax 0 66 21/1 89-26 0

Information Tel. (0 66 21) 194 33

Veranstaltungen:

- Orgel-Festtage in der Stadtkirche zu Ostern
- Jazzfestival „Live-Jazz" am 1. Samstag im Juni
- Kurparkfest und Weinfest im Juni
- **Bad Hersfelder Festspiele, Opern und Konzerte von Juni bis August**
- Mückenstürmerfest am 1. Samstag im August
- Erntedankfest am 1. Samstag im Oktober
- Lullusfest, ältestes Heimatfest Deutschlands, Mitte Oktober, mit Dippenmarkt
- Weihnachtsmarkt in der Fußgängerzone im Dezember

PAUSCHALPROGRAMME
Kurzurlaub in Bad Hersfeld
z.B. Gruppenreisen
Tagesausflüge • Radwandern • Festspielferien
Opern- und Konzert-Ferien • Stadtführungen
durch die historische Innenstadt

ihr **Verkehrsbüro Am Markt 1**
36251 Bad Hersfeld
Telefax 20 12 44, ☎ 0 66 21/20 12 74

Rotenburg an der Fulda

• charmant • liebenswert
• sehenswert

Die romantische Fachwerkstadt mit **hohem Erholungswert!**
Eldorado für Wohnmobiltouristen und Ziel für Gruppenreisen.

Verkehrs- und Kulturamt
36199 Rotenburg a. d. Fulda
Tel. 0 66 23/55 55 • Fax 0 66 23/93 31 63

Salzberger® Erlebnis-Park

über **50 Attraktionen**

Täglich geöffnet von Ende März bis Ende Oktober von 10.00 bis 18.00 Uhr
In den Auewiesen 1 -3
36286 Neuenstein/Aua
Tel. u. Fax: 06677/18450

Hotel Rhönblick

Inh. Sonja & Uwe Wüst
Vachaer Str. 2a
36269 Philippsthal
Tel. 0 66 20 - 4 69, Fax 91 91 35

★ 50 Betten, ÜF ab 40,- DM
★ Zimmer mit Du/WC/TV ★ Kegelbahn
★ kinderfreundliches Haus
★ Rad- und Motorradfahrer willkommen

Ruhe und Behaglichkeit verbunden mit modernem Komfort und gutem Essen erwarten Sie im **Waldgasthof Guttels**

Kurhessisches Bergland

Urlaub Natur

• Gebietsprospekt über 23 Urlaubsorte • Ferienhäuser, Ferienwohnungen • Urlaub auf dem Bauernhof • Wandern und Radwandern • Campingurlaub • Angeln • Pauschalarrangements

Fremdenverkehrsverband Kurhessisches Bergland e. V. • Parkstraße 6 • 34576 Homberg (Efze)
Tel. 0 56 81 / 7 75 / 2 50 • Fax 0 56 81 / 7 75 / 4 38

Hotel Rosengarten

Das Hotel mit historischem Flair ist eines der schönsten Fachwerkhäuser in der Schwalm.

34613 Schwalmstadt
Tel.: 0 66 91 / 94 70-0, Fax: 94 70-30

Wildpark Knüll ein Familienerlebnis im Schwalm-Eder-Kreis

- freilaufendes Rot-, Dam-, Sika- und Muffelwild
- Wisente, Wildpferde, Schwarzwild
- Luchse und Füchse
- Marder und Waschbären
- verschiedene Volieren
- Streichelzoo, possierliche Zwergziegen
- Kinderpielplatz, gute Wanderwege

Eigenbetrieb Jugend- und Freizeiteinrichtungen des Schwalm-Eder-Kreises
Parkstraße 6, 34576 Homberg (Efze), Tel. Wildpark: 0 56 81 / 28 15

Hotel-Restaurant Hof Weidelbach

Familie Ziegler
34613 Schwalmstadt
Tel. 0 66 91 - 47 26 · Fax 7 22 40

HOMBERG EFZE

- Führungen (Stadt, Kirche, Museen und Burgruine Hohenburg)
- Wildparkwanderungen
- Sommerbühne auf der Hohenburg
- Tagungen und Seminare

Fremdenverkehrsamt der Stadt Homberg
Obertorstr. 4 • 34576 Homberg (Efze)
Tel. 0 56 81-9 94-1 53 • Fax 9 94-2 99

Melsungen
Fachwerkstadt im romantischen Fuldatal

Ob für einen Tag, ein Wochenende oder mehr – MELSUNGEN lohnt sich immer!

Gruppenfahrten – Tagesausflüge
preiswerter Urlaub – dufte Kegeltouren
Floßfahrten auf der Fulda

Fordern Sie unsere Angebotspalette an:

Tourist Information Melsungen
Rathaus / Am Markt 1
34212 Melsungen
Telefon 0 56 61 / 70 81 09
Telefax 0 56 61 / 70 81 19

Hotel - Café
Ferienpark Sauer
LUFTKURORT NIEDENSTEIN

Sengelsberger Weg 12
34305 Niedenstein
Telefon 0 56 24 / 99 84-0
Telefax 0 56 24 / 99 84 37

TOP-Tagungs-Adressen!

- mitten in Deutschland - schnell erreichbar
- in reizvoller Landschaft mit vielfältigem Kultur- und Freizeitangebot

Fordern Sie unsere Tagungsbroschüre an!

NORD HESSEN HAT'S

PRO NORDHESSEN
Kurfürstenstraße 9, 34117 Kassel
Tel. 05 61 / 7 89 12 57 • Fax 05 61 / 7 89 12 43

PENSION LÄRCHENHOF

34212 Melsungen
Luftkurort
Lindenbergstraße 35
Telefon 0 56 61 / 62 23

Ruhige Lage, direkt am Wald

Neukirchen
Kneippkurort, Luftkurort und Familienferienort im Knüllgebirge

...die Einkaufs-, Kur- und Wohlfühlstadt an der Märchen- und Fachwerkstraße inmitten der wunderschönen Mittelgebirgslandschaft Nordhessens.

Wir bieten unseren Gästen ein breites Angebot an Sport-, Fitneß-, Erholungs- und Kureinrichtungen. Infos über Pauschalangebote, Tagesausflugsmöglichkeiten und Kuraufenthalte (auch Kompaktkur) sind erhältlich bei der: Kurverwaltung Neukirchen, Am Rathaus 10
34626 Neukirchen/Knüllgebirge
Tel.: 0 66 94 / 8 08-12, Fax: 0 66 94 / 8 08-38

Bad Zwesten
Heilbad und Luftkurort

„Zwesty" lädt Sie ein!

URLAUB ODER KUR INMITTEN DER NATUR

Gesundheit und Fitneß schöpfen, Aktiv sein, Shopping, Bummeln, Schlemmen, Entspannen.
i: Kurverwaltung, Postfach 490,
34594 Bad Zwesten
Tel.: 0 56 26 / 7 73, Fax: 0 56 26 / 99 93 26

Landgasthof Combecher
Kur- u. Sporthotel
Restaurant – Café – Fleischerei
Sauna – Solarium – Kneippabteilung
Kneipp- und Luftkurort
34626 Neukirchen/Knüllgebirge
im Kurhessischen Bergland
Bes. Fam.: H.W. Ross
Tel.: (0 66 94) 97 80 · Fax (0 66 94) 97 82 00

Waldhotel Justus Ruh

Idyllisch gelegen mit Blick ins Urbachtal. Liegewiese, Kinderspielplatz, Kaffeeterrasse. Moderne Zimmer, 1 FeWo/3 P., Restaurant, Gesellschaftsraum. Parkplatz, Busparkplatz.

34626 Neukirchen, Erdmannshain 1, Tel. 0 66 94 / 3 87

Mit dem Fahrrad durch das Kurhessische Bergland

- Die 10 regionalen Radwege im Kurhessischen Bergland
- 3 Fernradwege des Landes Hessen, die das Kurhessische Bergland durchlaufen • Die Rund-Radwanderwege des Zweckverbandes Knüllgebiet • Direktvermarktende landwirtschaftliche Betriebe und Wochenmärkte
- Fahrradverleihstellen und Fahrradreparaturbetriebe
- Tourenvorschläge • Fahrradfreundliche Gastronomie- und Beherbergungsbetriebe
- Campingplätze im Kurhessischen Bergland • Jugendherbergen im Kurhessischen Bergland

Fremdenverkehrsverband Kurhessisches Bergland e.V. • Parkstraße 6
34576 Homberg (Efze) • Tel. 0 56 81 / 77 52 50 • Fax 77 54 97

NORD HESSEN HAT'S

SEENLAND BORKEN HESSEN

Borken ist Vielfalt - Borken ist Mehr

- Wandern, Baden, Surfen, Erholen im Borkener Seenland.
- „Unter Tage" erleben im Nordhessischen Braunkohle Bergbaumuseum.
- Tagungen, Kongresse, Seminare, Familienfeiern, Veranstaltungen
  „Hotel am Stadtpark, Bürgerhaus Borken" (0 56 82) 80 10
  Info: Am Rathaus 7, 34582 Borken (Hessen), Tel.: (0 56 82) 80 80, Fax: 8 08-1 65

BORKEN HESSEN

NORDHESSISCHES BRAUNKOHLE BERGBAUMUSEUM BORKEN

Hotel-Restaurant
Zum Mühlengrund
Familie Lange
34582 Borken-Kerstenhausen
Telefon 0 56 82 / 20 69

Ina Maria Kraus
Bahnhofstraße 98
34582 Borken
Tel. 0 56 82 / 20 33-34
Fax 0 56 82 / 25 76
Öffnungszeiten:
Täglich von 11.30–14.00 Uhr
und von 18.00–1.00 Uhr
Mittwoch Ruhetag

Die Fachwerkstadt am Fuße
des Jagdschlosses lädt ein zu:

Einzel- und Gruppenreisen – Tagesausflügen – Konferenzen – Sport – Spaß – Unterhaltung

Fordern Sie uns: Service-Center Spangenberg
Kirchplatz 4 • 34286 Spangenberg
Fon (0 56 63) 72 97 • Fax (0 56 63) 93 04 06

Hotel Stöhr

Familienbetrieb seit 1886

Über Geschmack läßt sich nicht streiten!
Restaurant - Café - Biergarten - Kegelbahn
Weinkeller
Modernste Tagungstechnik im Konferenzsaal

Marktplatz 9 in 34286 Spangenberg
Tel. 0 56 63 / 9 48 70

Knüllwald
im Knüllgebirge

Die Natur erleben
zu allen vier Jahreszeiten

Knüllwald-Touristik-Service e.V.
Hauptstraße 34
34593 Knüllwald-Remsfeld
Tel. 0 56 81-93 08 08, Fax 0 56 81-93 08 07

Luftkurort
Oberaula
reserviert für nette Menschen

Der Luftkurort Oberaula bietet vielfältige Unterkunftsmöglichkeiten und eine ausgezeichnete Gastronomie.
Die reizvolle Landschaft am südwestlichen Rand des Knüllgebirges lädt ein zum:
ERHOLEN • ENTSPANNEN • WANDERN • SCHWIMMEN • TENNIS • GOLFEN • ANGELN • KEGELN
Möglich sind auch Kutschfahrten, Ausflüge zu historischen Fachwerkstädten, der Besuch der Hersfelder Festspiele oder einer alten, restaurierten Wassermühle.
Weitere Informationen erhalten Sie beim:
Verkehrsbüro, 36280 Oberaula, Hersfelder Str. 4
Tel. 0 66 28 / 92 08-18 Fax 0 66 28 / 92 08-88

FRITZLAR
Die alte Dom- und Kaiserstadt

Auf den Spuren deutscher Könige und Kaiser!
Kulturhistorische Bauwerke, uraltes Pflaster, mittelalterliche Gassen, ein Gepräge vergangener Jahrhunderte. Der 1000 ha große Stadtwald lädt zum Wandern ein.

i Tourist-Info
Zwischen den Krämen 5
34560 Fritzlar
Tel. 0 56 22 / 9 88 - 6 43, Fax 9 88 - 6 38

Landgasthof Steller
anno 1830

Hochlandstube · Gewölbekeller · Terrasse, Hotel · gemütl. Saal · Party-Service

34630 Gilserberg
Marburger Straße 3
Tel. 06696/207 · Fax 06696/7264

Bonsai Garten Gilserberg

Seminare - Verkauf
Beratung

Bahnhofstr. 57 · 34630 Gilserberg
Telefon: 0 66 96 - 4 80

Gemeinde Gilserberg
Ausgangspunkt für Wander- und Autotouristen. Am Rande des Kellerwaldes, dem größten geschlossenen Buchenwald Deutschlands, gelegen. Zahlreiche historische Städte sowie Freizeit- und Erholungsmöglichkeiten in der Nähe. Idealer Erholungsort mit gutbürgerlicher Gastronomie.
Auskünfte: Gemeindeverwaltung Gilserberg
Tel. 0 66 96 / 96 19-0, Fax 0 66 96 / 96 19-20

Urlaubsland an der oberen Lahn

- Vielfältige Mittelgebirgslandschaft bietet Natur weit und breit
- Abwechslungsreiche Kulturprogramme machen neugierig und begeistern
- Zeitzeugen der Jahrhunderte auf Schritt und Tritt
- Farbenfroh und intensiv sind die Bräuche, Trachten und handwerklichen Kostbarkeiten
- Hier wird man mobilisiert, sportliche Kräfte werden frei
- Kur- und Fitnessangebote in zwei Kneipp-Heilbädern in unverbrauchter Natur

Fremdenverkehrsverband

Marburg-Biedenkopf

Im Lichtenholz 60
35043 Marburg
Tel. (0 64 21) 4 05-3 81 und -3 82
Fax (0 64 21) 4 05-5 00

Kneipp - Heilbad

BAD ENDBACH

Im Lahn-Dill-Bergland

Freizeit genießen, Freiräume gestalten und die Seele mal wieder so richtig baumeln lassen. Das haben Sie sich verdient. Und dazu laden wir Sie herzlich ein. Zu uns in das schöne Lahn-Dill-Bergland mit seinen vielen kulturellen Angeboten.
Kommen Sie zur Kur nach Bad Endbach. Verbinden Sie dort das Gesundwerden mit interessanten Freizeitaktivitäten, die Geist und Körper gut tun.

Infos: Kurverwaltung Postfach 52 35080 Bad Endbach Tel. 02776 / 801-13 Fax 1042

AMÖNEBURG
die „Stadt auf dem Berge"

- Herrlicher Fernblick von einem 365 m hohem Bergmassiv
- Museum und Naturschutzinformationszentrum
- Rundwanderwege mit Naturpfad und Kneippanlage im ältesten Naturschutzgebiet Hessens
- Segelflugplatz, Tennishalle und vieles mehr

Informationen über Stadtverwaltung Amöneburg, 35287 Amöneburg, Rathaus, Am Marktplatz, Tel. 0 64 22 / 92 95 24, Fax: 0 64 22 / 92 95 22

STADT BIEDENKOPF

NATÜRLICH MIT HERZ

Verkehrsbüro Biedenkopf
Mühlweg 1 ½
35216 Biedenkopf
Tel. 0 64 61-9 50 10
Fax 0 64 61-95 01 28
http://www.biedenkopf.de

Die Stadt Biedenkopf liegt im oberen Lahntal – ein ideales Ziel für natur- und kulturinteressierte Besucher.
Erleben Sie das romantische Biedenkopf mit seinem Landgrafenschloß und der mittelalterlichen Fachwerkaltstadt, das erholsame Biedenkopf eingebettet in ruhige, große Waldflächen, ...das sportliche Biedenkopf mit modernen Sportanlagen, Perfstausee und Freizeitzentrum Sackpfeife (674 m, Sommerrodelbahn, Skiabfahrt und -langlauf), das anspruchsvolle Biedenkopf mit seinem kulturellen Angebot (Konzerte mit einem Spektrum von der Klassik bis zur volkstümlichen Musik, Galerien, Hinterlandmuseum und fotografisch-optisches Museum).

Die **Universitätsstadt Marburg** liegt reizvoll an der Lahn. Die malerische Altstadt zieht sich mit engen, gewundenen Straßen und Treppengassen den steilen Schloßberg hinauf.
Die Instituts- und Kliniksbauten setzen moderne Akzente in der historisch gewachsenen Stadt. Radfahren in herrlicher Landschaft, Wandern oder eine Fahrt mit dem Kanu auf der Lahn, auch das ist Marburg. Man muß es nur erleben und genießen.

Informationen über Hotels, Gastronomie, Museen und kulturelle Veranstaltungen erhalten Sie bei der:

Tourist Information
Pilgrimstein 26
35037 Marburg
Tel. 0 64 21/ 99 12-0
Fax 0 64 21/ 99 12-12
e-mail: mtm@scm.de

Marburg!

Hotel Restaurant
Greib-Weber

Komfortable Hotelzimmer
Tagungen - Feste - Arrangements
Familie Weber
35287 Amöneburg, Markt 16
Tel. 0 64 22 / 94 23-0
Fax 0 64 22 / 94 23-42

IHR HOTEL AUF DEM BERG

Stadtallendorf
...aktiv erleben

Stadtallendorf –
Junge Stadt im Landkreis Marburg-Biedenkopf

21.500 Einwohner – mit den Stadtteilen Niederklein, Schweinsberg, Erksdorf, Hatzbach, Wolferode, Mittelzentrum im Ortskreis des Landkreises Marburg-Biedenkopf. Mit großzügigen Einkaufsmöglichkeiten. Weltbekannte Qualitätserzeugnisse aus Industrie-, Gewerbe- und Handwerksbetrieben. Großzügige Parkplatzanlagen.

Moderne Sport- und Erholungsstätten, Großsporthalle (Herrenwaldhalle) für internationale Veranstaltungen, Hallen- und Freizeitanlagen. Geeignete Räume für Tagungen und Kongresse, gepflegte Hotels und gutbürgerliche, gemütliche Gaststätten . Dokumentations- und Informationszentrum (Foto) zur Geschichte der Stadt.

Auskunft erteilt: Magistrat der Stadt Stadtallendorf Bahnhofstr. 2, 35260 Stadtallendorf, Tel.: 0 64 28 / 7 07-0, Fax: 0 64 28 / 7 07-4 00

HOTEL - RESTAURANT
Zur Burgruine Frauenberg

Bes. Familie Debelius
35085 Ebsdorfergrund/OT Frauenberg
Tel. 0 64 24 / 13 79, Fax 0 64 24 / 44 72

Das modern eingerichtete Hotel verspricht eine familiäre Atmosphäre mit individueller Betreuung sowie regionale und internationale Gerichte im stilvollen Ambiente der Gaststube.
Ruhige und erholsame Lage direkt am Waldrand und doch nur wenige Minuten von Marburg. 64 Betten. Großer Parkplatz. Kurzurlauber, Wander- und Fahrradtouristen.

Akzent
PARK-HOTEL

Familie Koenemann
Auf dem Radeköppel 2 • 35216 Biedenkopf
Tel. 0 64 61 / 788-0 • Fax 0 64 61 / 788-333
E-mail: Hotel.Biedenkopf@akzent.de
http://www.akzent.de/hotels/ak152.htm

- *40 komfort Doppel- bzw. Einzelzimmer*
- *19 m Hallenbad, Sauna, Dampfbad*
- *3 Kegelbahnen*
- *7 Konferenzräume bis 537 Personen*
- *Tagungspauschalen*
- *Pauschalangebote, Gruppenreisen*

Vogelsberg und Wetterau ...

HERBSTEIN **Hessens höchste Heilquelle** im Naturpark Hoher Vogelsberg. Thermalbewegungsbad 32° C für Bewegungsapparat, Therapie-Center, Trinkkuren bei Leber-, Gallenweg-, Harnwegerkrankungen. Altstadt in Ringbauweise, begehbare Stadtmauer aus dem 13. Jahrhundert, Kurpark, Haus des Gastes, Gästekurse, Reiten, Malen, Töpfern. Veranstaltungsprogramm für Familien und Senioren.

1 Wochen Wohnen und Baden ab DM 199,--

Info: Kurbetriebsgesellschaft, Markplatz 7, 36358 Herbstein
Telefon 0 66 43 / 96 00-19, Telefax: 0 66 43 / 96 00-20

Thermalbewegungsbad mit Kurmittelhaus

Gasthof und Hotel „Zum Felsenmeer“
Inh.: Familie Bernd Kramer
36355 Ilbeshausen-Hochwaldhausen
Tel./Fax 0 66 43 / 3 36

Gasthof und Gästehaus befinden sich direkt am Wald, gegenüber dem Kurpark. Freundlich eingerichtete Zimmer, teilweise behindertengerecht, Liegewiese, Parkplatz, Garagen, Schulungsräume (20–80 Pers.), Solarium, umfangreiches gutbürgerliches Speisenangebot. Wir empfehlen uns für Ihren Urlaub oder Kururlaub ebenso wie für die Gestaltung Ihrer Familienfeier oder die Durchführung von Trainingslagern.

Staatlich anerkannter Luftkurort Ilbeshausen/Hochwaldhausen im Naturpark Hoher Vogelsberg

Freibad, Solarien, Sauna, Tretbecken, Minigolf, Tennis Wanderwege, Grill- und Kinderspielplatz
Auskunft:
Verkehrsamt 36355 Grebenhain
Tel. 0 66 44 / 96 27 17
Kur- und Verkehrsverein Ilbeshausen/Hochwaldhausen
Tel. 0 66 43 / 82 91

Hotel Restaurant Café **Haus Vogelsberg** ... die Tür zur Natur

Tanken Sie mal wieder Frischluft ... ... im Luftkurort Hochwaldhausen

Unser Herz schlägt für den Gast!

Wohnen in großzügigen und freundlichen Zimmern oder Ferienwohnungen mit Dusche/WC, Sat-TV, Balkon, große Terrasse, Liegewiese, Solarium, Sportraum, Boulebahn, Grillplatz, Kinderspielplatz. Im Kurpark (5 Min.): Schwimmbad, Tennisplatz, Fußballplatz, Minigolf, Kegelbahn, Kneippanlage, Streichelzoo, Kurklinik *(ambulante und physische Therapie können Sie nutzen)*, Thermalbad 4 Km

Unser gemütliches Restaurant ist durchgehend geöffnet.
Geeignet f. Feiern, Tagungen, Präsentationen, Schulungen.

Unser beheiztes Clubzelt wird im Sommer wie Winter für Veranstaltungen aller Art genutzt.

Auskunft und Prospekte: G&W Hotelbetriebs GmbH HRB568 AG Lauterbach
Waldstraße 27 – D 36355 Hochwaldhausen, **Tel. (0 66 43) 80 33 · Fax: 91 90 13**

HESSISCHE APFELWEIN- UND OBSTWIESENROUTE

REGIONALSCHLEIFEN IM LANDKREIS GIESSEN UND WETTERAU

Vorbei an Keltereien, Gaststätten, Direktvermarktern etc. in den **Landkreisen Gießen** und **Wetterau** lädt die „Hessische Apfelwein- und Obstwiesenroute“ den Wanderer bzw. Radtouristen und den Naherholungssuchenden ein, die Schönheiten dieser mittelhessischen Landschaften mit ihren reizvollen Obstwiesen zu erfahren und die heimischen Erzeugnisse kennenzulernen.

Ausführliche Auskünfte erhalten Sie über:

Trägerverein Hessische Apfelwein- und Obstwiesenroute im Landkreis Gießen e.V., Unterstadt 1, 35423 Lich, Tel. 06404/9060, Vorsitzende: Dr. Elke Dührßen

Trägerverein Hessische Apfelwein- und Obstwiesenroute e.V. – Regionalschleife Wetterau Amt für Kreisentwicklung, 61167 Friedberg/Hessen, Vorsitzender: Dr. Johannes Fertig

Steinau an der Straße
märchenhaft auf Schritt u. Tritt...
Brüder Grimm-Haus, Marionettentheater, Schloß, Tropfsteinhöhle, Erlebnispark...
Infos: Tel. (0 66 63) 96 31-0, Fax 96 31-33

Johannes-Hof
Landgasthof
Im Unterdorf 5
36325 Stumpertenrod/Ulrichstein
Tel. 0 66 45 / 96 08-0, Fax 0 66 45 / 96 08-21

Die zum Teil über 250 Jahre alten Gebäude wurden liebevoll renoviert. Komfortable Hotelzimmer mit Bad/WC, TV, Tel., komplett ausgestattete Ferienwohnungen, Hallenbad, Sauna, Solarium, großzügiger Hausgarten. Zahlreiche Sportmöglichkeiten nur wenige Minuten vom Hotel.

Besuchen Sie das Hohhaus-Museum in Lauterbach/Hessen

Öffnungszeiten täglich von 10–12 Uhr und von 14–17 Uhr montags geschlossen

Berliner Platz
36341 Lauterbach
Telefon 0 66 41 / 24 02

… laden Sie ein!

Fremdenverkehrsverband Vogelsberg + Wetterau

Goldhelg 20
36341 Lauterbach
Tel.: 0 66 41/9 77-2 75
Telefax: 0 66 41/9 77-3 36

Wohnen und Essen im Landgasthofstil.

Unsere komfortabel-rustikal eingerichteten Zimmer mit WC/Bad, TV, Minibar und Telefon lassen keine Wünsche offen und lassen Sie den Alltag vergessen. Das beste vom Wild, Lamm, Schwein und Rind von hiesigen Bauern und frische Produkte aus der Umgebung bilden die Grundlage unserer modernen regionalen Küche.

Jägerhof

Wir freuen uns auf Ihren Besuch!

Landgasthaus • Hotel
Jägerhof
36341 Lauterbach-Maar
Telefon 0 66 41/9 65 60
Telefax 0 66 41/6 21 32

Geselligkeit und Frohsinn unter Freunden.

Im EULENFANG, dem historischen Gewölbe, fehlt es nie an Stimmung. Von Donnerstag bis Sonntag jeden Tag ein anderes, attraktives Programm mit Musik und guter Laune. Und es gibt viele Leckereien aus dem großen Holzbackofen. Der EULENFANG mit dem bei sommerlicher Witterung geöffneten Biergarten hat sich mittlerweile zum Treffpunkt der ganzen Region entwickelt.

Gastronomie im Eulenfang Historisches Gewölbe

Gasthaus Ludwigshof

36341 Lauterbach-Reuters Tel. 0 66 41 / 24 24
Alsfelderstraße 2 Fax 0 66 41 / 6 38 12

Der gemütliche Aufenthalt an der B 254 (Deutsche Märchenstraße)
Bewirtung von Reisegruppen bis 60 Personen.
Bekannt gutbürgerliche Küche * Gästezimmer mit DU/WC * Garagen * großer Garten und Liegewiese * nahe gelegener Wald (1 km)

STADT LICH

Info: Magistrat der Stadt Lich
35423 Lich
Tel.: 0 64 04/8 06-2 45
Fax.: 0 64 04/8 06-2 24

Unterhaltungsmöglichkeiten:
Kino, Hallenbad, Waldschwimmbad, mehrere Waldseen, Wanderwege, Tennis- und Golfplatz, Stadtführungen, Schloß mit großem Park, Heimatmuseum, Altstadtkern mit Fachwerkhäuserkulisse, Marienstiftskirche.

Burgenstadt Schlitz

Staatlich anerkannter Erholungsort · mittelalterliches Stadtbild · waldreiche Landschaft · viele Einrichtungen für den Aktivurlaub · beste Hotels und Gastronomie

Auskunft:
Verkehrsbüro
im Rathaus
36110 Schlitz
Tel 0 66 42 / 9 70 60
Fax 9 70 56

Schlitz Romantik und Lebensfreude

Hotel-Restaurant „Vorderburg"

Das Hotel im romantischen Burgenring!
Restaurant mit regionaler Küche.
Terrasse im historischen Burghof.
An der Vorderburg 1 - 36110 Schlitz
Tel. 0 66 42 / 96 30-0 - Fax 96 30-80

Zur Schmiede Hotel Restaurant

36304 Alsfeld-Eudorf
Ziegenhainer Straße 26
Tel. 0 66 31/60 31
Fax 0 66 31/7 33 35
E-mail:
zur.schmiede@t-online.de

53 modern ausgestattete Zimmer mit DU/WC, Farb-TV, Tel., größtenteils Balkon. Gästehaus mit im Bauernstil eingerichteten Zimmern. Gutbürgerliche Küche mit oberhessischen Spezialitäten. Wir bieten alle Voraussetzungen für Familienfeierlichkeiten und Tagungen aller Art.

„Auf nach Alsfeld"

…wo Tradition die Zukunft grüßt.

18.000 Einw., an der Autobahn A 5,
zwei Anfahrten, Bahnanschluß,
an der B 49, 62 und 254.
Europäische Modellstadt für
Denkmalschutz – Historische Altstadt
mit zahlreichen Fachwerkhäusern
Weltbekanntes Fachwerk-Rathaus
Sport- und Freizeiteinrichtungen
Erlebnisbad mit Sauna
und Riesenrutsche – Wanderwege
Interessante Pauschalangebote
für Gruppen
und Individualreisende,
Kulinarische Spezialitäten:
Salzekuche und Aleburger Käs,
Gute Hotels und Gaststätten.

Information und Prospektanforderung:
Tourist Center Alsfeld, Rittergasse 3–5,
36304 Alsfeld, Telefon 0 66 31/182-1 65,
Fax 0 66 31/182-2 10 oder 7 38 96

Bürgerstube

Stadthalle Alsfeld
Inh. Christiane Weiß
Jahnstrasse, Tel.: 0 66 31-52 52
Restaurant bis 100 Personen, Clubraum bis 80 Personen,
Kleiner Saal 300 Pers., Großer Saal 700 Pers.
Konferenzbestuhlung bis 1000 Personen
Große Terrasse – 300 Parkplätze

Zur Erholung

Hotel · Restaurant
Inh. Erika Weiß
das ruhige Hotel am Rande der historischen Altstadt
Grünbergerstraße 26 an der B 49
Tel. 0 66 31-20 23, Fax 0 66 31-20 43
56 Betten, alle mit D/WC/Tel.
Konferenz- und Gesellschaftsräume bis 120 Personen
Restaurant für 65 Personen
4 Kegelbahnen, Bierstube, 40 Plätze, Terrasse: 60 Plätze

Landhaus Weiß

Ländliches Spezialitäten-Restaurant
Party-Service, Weinlager und Weinhandel
Inh. Kathrin Winkler
Merschroder Straße 11, 36304 Alsfeld-Liederbach
Tel. 0 66 31-40 06, Fax 0 66 31-43 73, Montags Ruhetag
1 km von der BAB A5 Ausfahrt Alsfeld West
Bei uns finden Sie alles, was einem Feinschmecker Freude macht, Fisch, Wild, saftige Steaks und regionale Küche in einem geschmackvollen, ländlichen Ambiente.

Hotel Krone

zentrale Lage am historischen Altstadtkern, regionale Küche, Hessen à la carte-Restaurant

Schellengasse 2–4 (an der Post)
36304 Alsfeld
Tel.: 0 66 31/40 41, Fax: 0 66 31/40 43

Vogelsberg und Wetterau

Büdingen
Altstadt im Grünen

Info:
Tel. 0 60 42 / 96 37-0
Fax 0 60 42 / 96 37-10

Büdingen, die Festungsstadt im Grünen, ist verkehrsgünstig gelegen und mit Bahn, Bus und dem Auto (BAB 45/BAB 66) gut zu erreichen. Freizeitmöglichkeiten: beheiztes Freibad, Hallenbad, Sebastian-Kneipp-Anlage, Minigolf-Anlage, Regional-Museum, Schloß mit Schloß-Museum, Modellbau-Museum, Tennis, Reiten u.v.m. Gute Hotels und Restaurants laden zu einem Besuch ein.

Schloß Büdingen
Café
Restaurant, Hotel
Festlichkeiten
Konferenzen/ Tagungen

Schloß Büdingen
Schloßplatz
63654 Büdingen
Tel. 0 60 42 / 8 89-2 05
Fax: 0 60 42 / 8 89-2 09

Büdingen, das ist „Lebendiges Mittelalter“

Das Büdinger Schloß wurde zur Zeit Barbarossas als staufische Wasserburg erbaut und wird seit über 700 Jahren von der Familie der Fürsten zu Ysenburg und Büdingen bewohnt. Umgeben von einem gepflegten Schloßgarten ist das Schloß in seiner Anlage unverändert natürlich geblieben. Baustile von der Romantik, über Gotik bis hin zur Renaissance geben Zeugnis von vergangenen Jahrhunderten und sind ein interessantes Beispiel adeliger Wohnkultur.

Das Schloßcafé/Restaurant bietet viele kulinarische Köstlichkeiten. Es können Tagungen und Seminare abgehalten werden. Übernachtungen sind in den Räumen des Hotels „Kemenate“ möglich, welche von der Fürstin persönlich liebevoll gestaltet worden sind.

HOTEL STADT BÜDINGEN

Urlaub und Tagen mit allen Errungenschaften neuzeitlicher Hotellerie
Jahnstraße 16, 63654 Büdingen,
Tel. 0 60 42 / 5 61-5 63, Fax 0 60 42 / 5 64

LANDHOTEL WALDHAUS LAUBACH

Romantisch gelegenes Familienhotel mit individueller Landhausatmosphäre am Rande des Vogelsberges. 60-Betten Hotel mit Hallenschwimmbad und Sauna, großer Kaffeegarten und den Restaurants: Hessenstube, historische Ofenstube zur Vesperzeit und Banquett- und Tagungsbereich Ringelshöhe. Unser Haus liegt mitten im Grünen und ist für Naturliebhaber bestens geeignet. Attraktive Hotelarrangements, feine Küche mitten im Grünen, dies sind unsere Stärken.

LANDHOTEL WALDHAUS LAUBACH
Familie Rühl
An der Ringelshöhe 7, 35321 Laubach
Tel. 0 64 05 / 91 40-0, Fax: 0 64 05 / 91 40-44

Speisegaststätte
Landgasthof Stürz
Leisenwälderstr. 1, 63654 Büdingen-Rinderbügen
Tel. 0 60 49 / 15 44, Fax 0 60 49 / 5 96

Wir bieten Ihnen:
- gutbürgerliche Speisen und Getränke in angenehmer Atmosphäre – eigene Hausschlachtung – Sitzplätze für 100 Personen.
- Ausrichtung von Familienfeiern
- Partyservice • Montag Ruhetag
- großer Parkplatz • Busse willkommen

Hotel Tannenhof

Unser Tannenhof – Ihre Residenz auf dem Lande
Abseits von Hektik und lärmendem Verkehr

35321 Laubach-Gonterskirchen,
Tel. 0 64 05 / 91 50-0, Fax 0 64 05 / 91 50-20

Hotel-Cafe-Restaurant Schuchmann

Helmut Schuchmann
Kurstrasse 39-43
63667 BAD SALZHAUSEN
Tel. 0 60 43 - 9 60 20
Fax 0 60 43 - 40 11 19

Landgasthof Fleischhauer

Familie Dogana
Gießener Straße 3
35315 Homberg-Büßfeld
Telefon 0 66 33 / 78 05
Telefax 0 66 33 / 78 88

30 Betten mit Du, WC, zum Teil mit Kabel-TV u. Telefon. Konferenzraum mit kompletter Ausstattung. Restaurant mit 60 Sitzplätzen. Sie erreichen uns über die Autobahn (A 5) Frankfurt–Kassel Abfahrt Homberg/Ohm in Richtung Homberg, nach 6 km.

Hotel - Cafe - Restaurant
Ortenberger Hof

Wir bieten unseren Gästen ein Hotel mit viel Komfort und ein gemütliches Restaurant, in dem wir Sie gern mit frischer, gutbürgerlicher Küche und gepflegten Getränken verwöhnen. Geschmackvolle und behagliche Zimmer (42 Betten) mit Telefon, Kabel-TV, DU/WC. Gasträume für ca. 100 Pers., Gesellschafts- und moderne Konferenzräume für bis zu 80 Pers., im Sommer Sonnenterrasse mit 45 Plätzen. Busse willkommen, Tiefgaragenplätze für PKW's.

Am Alten Bahnhof 13 • 63683 Ortenberg
Tel. 0 60 46 / 96 20 - 0 • Fax 0 60 46 / 96 20 - 33

Waldecker Land

Erlebnis zu jeder Jahreszeit

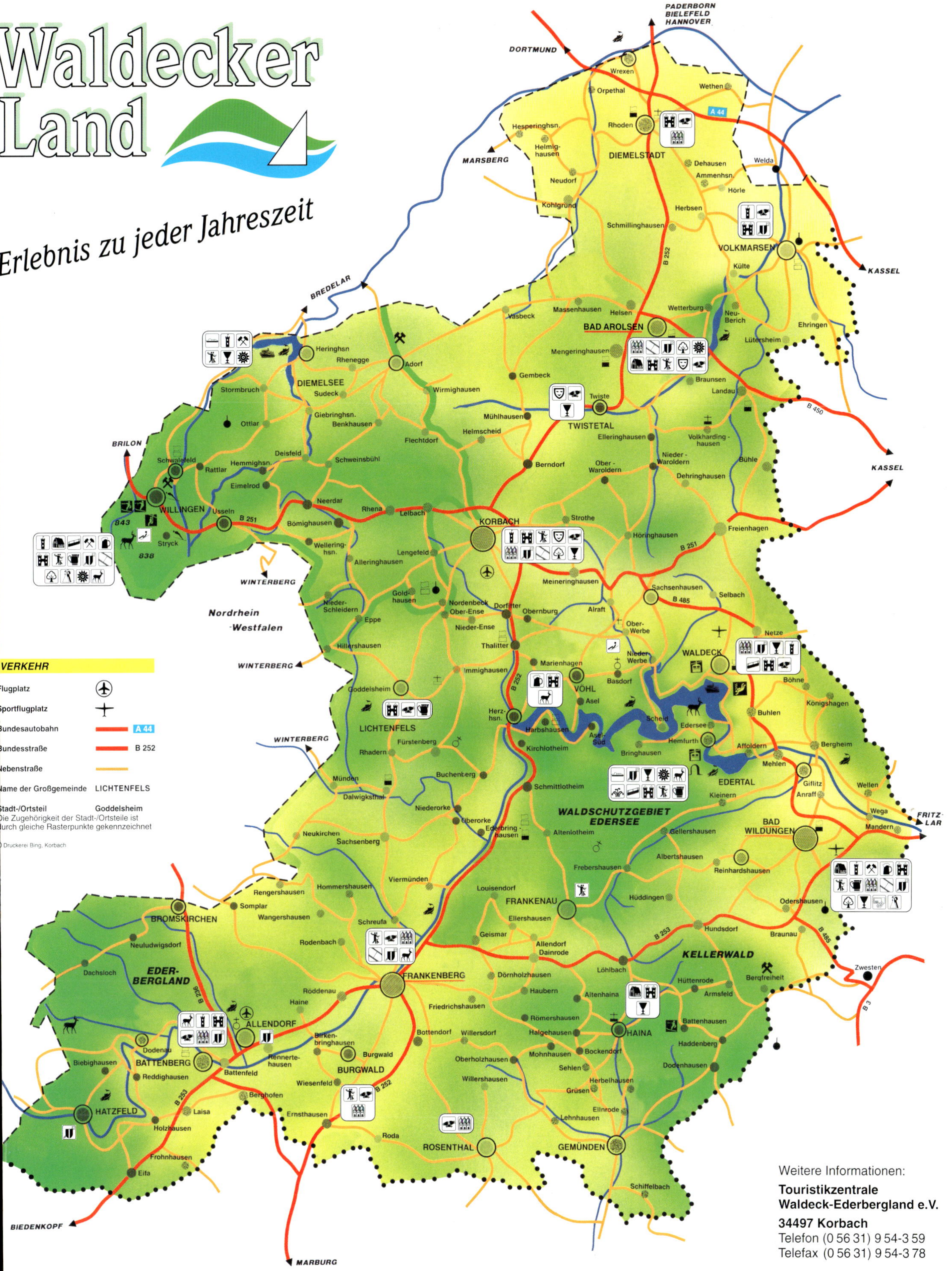

VERKEHR

lugplatz		
portflugplatz		
undesautobahn		A 44
undesstraße		B 252
lebenstraße		
lame der Großgemeinde	LICHTENFELS	
tadt-/Ortsteil Die Zugehörigkeit der Stadt-/Ortsteile ist lurch gleiche Rasterpunkte gekennzeichnet	Goddelsheim	

© Druckerei Bing, Korbach

Weitere Informationen:

Touristikzentrale
Waldeck-Ederbergland e.V.

34497 Korbach
Telefon (0 56 31) 9 54-3 59
Telefax (0 56 31) 9 54-3 78

SONSTIGES

- ändergrenze
- reisgrenze
- aturpark Diemelsee
- tz der Gemeindeverwaltung/ Verkehrsamt/ Kurverwaltung

SEHENSWÜRDIGKEITEN

- Aquapark
- Aussichtstürme
- Bauernhöfe zum Anfassen
- Bergbahnen
- Besucherbergwerke Mineralienausstellungen
- Brauhäuser · Brennereien · Keltereien
- Burgen · Schlösser · Klöster · Ruinen
- Diskotheken
- Festspiele · Freilichtbühnen
- Traditionsfeste
- Handwerkskunst
- Historische Stadtbilder · Stadtführungen
- Kinos
- Parkanlagen
- Museen
- Sakrale Kunst
- Schiffahrt
- Spielbank
- Tanzcafés
- Technische Kulturdenkmäler
- Wildparks

SPORT UND FREIZEIT

- Angeln
- Lift
- Ski-Sprungschanze
- Sommerrodelbahn

FERIENREGION
Edersee
DAS ERLEBNIS NATUR

Urlaub am See, das heißt: optimaler Familienurlaub, Natur pur, Wassersport in allen Variationen, und das alles in Deutschlands Mitte. Genießen Sie Ihren Aufenthalt an einem der größten Stauseen Europas – wir heißen Sie willkommen!
Tel. 05623/9998-0, Fax: 05623/9998-30
e-mail: edersee-info@t-online.de

Personenschiffahrt Edersee

Urlaub und Freizeit genießen

Personenschiffahrt Edersee bietet in der Saison fahrplanmäßigen Linien- und Rundfahrtverkehr zwischen den Anlegestellen Edertal-Sperrmauer, Waldeck, Halbinsel Scheid und Bringhausen, Asel und Herzhausen.
Sonder- und Bedarfsfahrten nach Vereinbarung.

2 neue, moderne 500-Pers.-Schiffe

stehen Ihnen zur Verfügung.

Fahrplan und Auskunft durch:

Personenschiffahrt Edersee
GmbH & Co Betriebs KG
Ederseerandstraße 8b
34513 Waldeck-West
Telefon 05623/5415
Telefax 05623/5149

Edersee Tourist-Information
Sachsenhäuser Straße 10
34513 Waldeck
Telefon 05623/99980

Hotel Seeschlößchen

34513 Waldeck/Edersee **Kirschbaumweg 4**
Tel. 05623/5113 **Telefax 05623/5564**

Hallenbad, Sauna, Solarium, alle DU/WC, Balkon, TV, Tel., Appartements 4–8 Personen, Teilpension möglich (Frühstücksbuffet), Liegewiese, Parkplatz, Kinderspielplatz, Sportmögl., z.B. Golf, Segeln.

HAUS AM SEE

Hotel · Restaurant · Café
im gemütlichen Familienhotel
Zimmer - Ferienwohnungen - Campingplatz
hundefreundlich
34513 Waldeck
Tel. 05623/5438, Fax 05623/6055

Waldhotel Wiesemann
& Appartementhaus
Seeschwalbe
am See

34513 Waldeck
am Edersee
Tel.: 05623/5348
Fax: 05623/5410
http://www.edersee.com/waldhotel-wiesemann
Familienhotel zum Ausspannen, idyllisch gelegen, direkt am Wald und nur 100 m vom Strand. Hallenbad, Sauna, Solarium. Die Zimmerausstattung entspricht den gehobenen Ansprüchen, Appartements für Familien mit vier Kinder. Küche mit abwechslungsreicher Speisekarte.

Ihre regionale Touristikvermittlung

RABE·TOURISTIK
EDERSEE·EDERTAL·KELLERWALD
Heimbachstraße 18 · 34549 Edertal-Kleinern
Telefon 05623/4689 · Fax 05623/935254
http://www.edersee.com/touristikvermittlung
Ferienappartements, Ferienhäuser, Blockhaus, Landgasthöfe, Pensionen, Pauschalprogramme z.B. Kanufahrten, Erlebniswanderungen, Käsereibesuche, Clubprogramme, Scheunenfeste, Piratenfeten.

Golf- & Landhotel Vasbeck

Ihr Vier Sterne Domizil im Waldeckerland, nahe dem Wintersportzentrum Willingen und dem malerischen Diemelsee mit seinem Naturpark.

◆

Die Anlage umfaßt das Hotel mit Gästehaus, eine Gartenanlage mit einem Golf Putting Green und zwei Tennisplätzen und verfügt über 35 eigene Parkplätze. Die 22 Gästezimmer und Suiten sind individuell und geschmackvoll eingerichtet und mit höchsten Komfort ausgestattet. Zur Entspannung bieten wir Ihnen Hallenbad, Sauna, Solarium, zwei Bundeskegelbahnen, eine Lounge mit Bibliothek und einen Mini-Club. Für geschäftliche Anlässe gibt es einen Tagungsraum und einen Business-Corner. Golfinteressierten steht der Golfplatz des Golf- und Landclubs Bad Arolsen zur Verfügung, zu dem wir unseren Gästen ein kostenloses Shuttle-Service anbieten.

◆

Wir freuen uns, Sie als Gäste bei uns begrüßen zu dürfen!
Marsbergerstraße 22, 34519 Diemelsee-Vasbeck, Tel. (02993) 96440, Fax (02993) 964499

Willkommen im Waldecker Land